农旅文融合发展
助推乡村振兴

谭明交 刘琴 著

社会科学文献出版社
SOCIAL SCIENCES ACADEMIC PRESS (CHINA)

序 一

改革开放以来，经过全国范围有计划有组织的大规模开发式扶贫，我国贫困人口大量减少，贫困地区面貌发生了显著变化，取得了举世公认的成就。但是，长期以来贫困数据底数不清、情况不明、针对性不强、扶贫资金和扶贫项目指向不明等问题较为突出，人情扶贫、关系扶贫，造成应扶未扶、扶富不扶穷等社会不公现象比较突出。过去的扶贫制度设计存在一定的缺陷，不少扶贫项目粗放"漫灌"，存在"扶农"不"扶贫"现象。原有的扶贫体制机制需要修补和完善，解决钱和政策用在谁身上、怎么用、如何用才有效果等问题，提高扶贫"精准度"。精准扶贫正是以习近平同志为核心的党中央治国理政方略中对新时期扶贫工作新挑战与新要求的积极应对和正确指引，是新时期开展扶贫工作与研究的精髓和蓝本。

消除贫困、改善民生、全面建成小康社会、实现共同富裕，是社会主义的本质要求。没有农村的小康，特别是没有贫困地区的小康，就没有全面建成小康社会。如何让精准扶贫基本方略落实落地？如何促进精准脱贫顺利衔接全面小康？这些问题既是实践问题，也是需要进一步探讨研究的学术问题。党的十九大正式提出乡村振兴战略，指明了新时期农村改革发展的方向重点，是农业转型升级发展的纲领指南，点亮了农民的远景和未来。如何才能实现精准扶贫工作更好地助推乡村振兴？本书作者结合在一线精准扶贫的实践经历，结合相关理论，尝试着探讨研究这些问题，因此，本书的出版具有一定的价值。

本书从梳理精准扶贫的战略意义、精准扶贫框架路径开始，试图寻找全面小康、乡村振兴和精准扶贫之间的逻辑关系，进而提出促进全面小康、乡村振兴的路径模式，具有一定的理论意义和实践意义。可以看出，本书作者在领悟精准扶贫工作的相关理论和国家领导人关于精准扶贫的重要论述上做了一番努力。结合一线扶贫的实践经历，对如何找准致贫原因、减少贫困人口、破除致贫障碍等方面，综合研判，力争做到理论指导实践、实践回归理论。以贫困农民脱贫致富奔小康为中心，以城乡二元融合发展为基础，践行"三位一体"扶贫模式，结合"四个切实""五个一批""六个精准""七个强化"等政策与要求，将精准扶贫、精准脱贫基本方略融合到一线实践工作中，基本做到了"扶贫工作务实、脱贫过程扎实、脱贫结果真实"。

作者结合自身长期关注及感兴趣的农村三产融合发展研究，利用产业融合理论、农业多功能理论，将精准扶贫与全面小康和乡村振兴结合在一起研究并在一线进行实践。为实现帮扶村的产业兴旺，积极运用所学农业经济知识，向人民学习，共谋振兴之路。立足产业链、生态价值链理念，结合柑橘产业资源禀赋优势，定位农旅文融合发展路径，充分挖掘农业的生态价值、旅游价值、民族文化价值。在掌握相关政策的过程中推进农业现代化和农旅文融合发展，激发内生动力，拓展农民增收空间，实现从"输血"到"造血"的转化。

作者在驻村扶贫第一书记这一光荣岗位上，融合农业经济理论政策，运用产业融合理论，与全村人民一起进行反贫困斗争，做到苦干、实干加巧干，推动所在村振兴。2018 年，作者的驻村帮扶村已成功从国家级贫困村蜕变为省级美丽示范村，走上了基于柑橘产业禀赋优势助推乡村振兴的绿色发展轨道。作者职业也转到高校，继续将扶贫一线实践经验融入学术研究中，转换的是岗位，不变的是继续为"三农"服务的身份。祝愿作者在学术研究领域中不断学习、不断积淀，取得新进步。

国家现代农业（柑橘）产业经济岗位科学家

华中农业大学二级教授　祁春节

2019 年 7 月 15 日

序 二

"中国梦是民族的梦，也是每个中国人的梦。""小康不小康，关键看老乡。""没有农村的小康，特别是没有贫困地区的小康，就没有全面建成小康社会。"2012 年"中国梦"的提出，清晰地指出了每个中国人都有追求梦想、实现梦想的机会，有共享社会发展成果的机会，有共享精彩人生的机会，中国梦的出发点与落脚点是人民，国家好、民族好，大家才会好。

党的十八大以来，习近平总书记在中央重要会议上、在深入各地的调研考察中，就"三农"问题发表了一系列重要讲话，关键时刻党和国家有关"三农"的新论断、新战略改变了"三农"的困境，从 2005 年的"社会主义新农村建设"到 2013 年的"精准扶贫""美丽乡村建设"，再到 2017 年的"乡村振兴战略"的提出，彰显出全党对"三农"问题的重视。特别是对推进"三农"工作提出的"三个必须""三个不能""三个坚定不移"的重要论述，体现了习近平总书记对"三农"问题的关心与牵挂。党的十九大报告正式提出乡村振兴战略，是新时期对农业强、农村美、农民富的新解读，是中国共产党立足全局、着眼长远、与时俱进的重人战略决策。乡村振兴战略指明了农村改单的方向重点，提出了农业升级纲领和工作遵循，点亮了农民发展远景和未来。

2013 年，"精准扶贫"正式在十八洞村提出，振臂一呼、全国响应，实事求是、因地制宜，领导重视、部门联动、干部实干，实现了"真扶贫、扶真贫、脱真贫、真脱贫""扶贫工作务实、脱贫过程扎实、脱贫结果真实"。湖南省龙山县里耶镇岩冲村,严格贯彻精准扶贫精神,领会精准扶贫内涵,充分结合地域优势,合理利用资源禀赋,充分利用紧靠拥有里耶明清古街、里耶古城、里耶秦简博物馆、里耶古城遗址等文化资源的里耶集镇的优势,借力正在发展壮大的旅游资源,发展本村拥有的柑橘等特色农业资源,打造乡村度假游、周末亲子游、体验采摘游等系列"农业+旅游+文化"融合发展模式。通过"村党支部+合作社+乡贤+农民"的方式探索"三变"新路径,拓展农民增收空间,做实"扶长远、扶根本",精准扶贫扶到了点、扶到了根,让群众得到了真正的实惠,分享到了社会发展的红利。通过技术指导、种植推广、销路拓宽,壮大了岩冲村的椪柑、脐橙、蜜橘等主要农业支柱产业,壮大农业产业经济。通过通村到户道路硬化、主干道路绿化亮化、文化广场标准配齐、户户花香四溢等基础设施的配套建设,实现了农村的干净、美丽和便捷。通过产业帮扶、转移就业等措施,全村人民正走在致富奔小康的路上,走上了依靠自身特色、发挥区位优势的乡村振兴的特色路,一个崭新的农业强、农村美、农民富的省级美丽示范村屹立在酉水岸边。

正值习近平总书记来重庆考察、新中国成立70周年之际,在精准脱贫全面建成小康社会冲刺阶段,作者以在基层党委办公室、党委攻坚办、驻村第一书记岗位工作的亲身经历,结合扶贫理论与实践经历阐述精准扶贫的提出背景、内涵要义、国际意义、工作要领等,厘清精准扶贫与乡村振兴的内在联系,构建通过利用精准扶贫政策、衔接乡村振兴战略、助力乡村振兴的模式路径,实现农业强、农村美、农民富。本书在撰写过程中特别是在案例部分参考利用了一些资料,在此对相关作者表示感谢。由于笔者知识水平有限,书中难免有不妥、不完善之处,敬请读者提出宝贵意见。

谭明交

2019年　重庆　涪陵

目　录

导　言

"中国梦是民族的梦，也是每个中国人的梦。""小康不小康，关键看老乡。""没有农村的小康，特别是没有贫困地区的小康，就没有全面建成小康社会。"我国是农业大国，"务农重本，国之大纲"。"中国要强，农业必须强；中国要美，农村必须美；中国要富，农民必须富。"农业、农村、农民问题是关系国计民生的根本性问题，"任何时候都不能忽视农业、忘记农民、淡漠农村"。农业现代化是国家现代化经济体系的基础支撑，"必须始终坚持强农惠农富农政策不减弱、推进农村全面小康不松劲，在认识的高度、重视的程度、投入的力度上保持好势头"。①

落实党全心全意为人民服务的根本宗旨，绝不能忘记农民，而必须实现好、维护好、发展好广大农民的根本利益，千方百计让广大农民过上富裕幸福的日子。"党中央的政策好不好，要看乡亲们是笑还是哭。如果乡亲们笑，这就是好政策，要坚持；如果有人哭，说明政策还要完善和调整。"②"要坚定不移深化农村改革，坚定不移加快农村发展，坚

---

① 《习近平论"三农"》，人民网，http：//politics.people.com.cn/n1/2019/0508/c1001－31072764.html。

② 《那村·那田·那人：今年总书记的"三农"心事有哪些》，新华网，http：//www.xinhua-net.com//politics/2015－12/25/c_128568135.htm。

定不移维护农村和谐稳定。"①"三个必须"通过论述"三农"强、美、富与国家强、美、富之间的关系，指出"三农"问题是关系中国特色社会主义事业发展的根本性问题，是关系我们党巩固执政基础的全局性问题，这是对"三农"工作基础性地位的总体把握。"三个不能"蕴含着习近平总书记一贯重视"三农"问题的深远谋略和深厚情怀，也为正确认识和做好新形势下的"三农"工作指明了方向。"三个坚定不移"从全局角度明确了"三农"工作重点，在关键时期释放了党中央高度重视"三农"工作的强烈信号，表明了我们党坚定深化农村改革、加快农村发展、维护农村和谐稳定的政策目标。农村经济社会发展，说到底，关键在人，要通过富裕农民、提高农民、扶持农民，让农业经营有效益，让农业成为有奔头的产业，让农民成为体面的职业。"我们既要有工业化、信息化、城镇化，也要有农业现代化和新农村建设，两个方面要同步发展。"②"要更加重视促进农民增收，让广大农民都过上幸福美满的好日子，一个都不能少，一户都不能落。"③"说一千、道一万，增加农民收入是关键。要加快构建促进农民持续较快增收的长效政策机制，让广大农民都尽快富裕起来。"④"农业强不强、农村美不美、农民富不富，决定着亿万农民的获得感和幸福感，决定着我国全面小康社会的成色和社会主义现代化的质量。"⑤"要充分尊重广大农民意愿，调动广大农民积极性、主动性、创造性，把广大农民对美好生活的向往

---

① 韩长赋：《习近平"三农"思想："三个必须""三个不能""三个坚定不移"》，光明网，http://theory.gmw.cn/2017 – 01/26/content_23588119.htm。

② 《习近平：深化改革开放 脚踏实地推动经济社会发展》，中央人民政府网，http://www.gov.cn/ldhd/2013 – 07/23/content_2453761.htm。

③ 《"平语"近人——习近平的"三农观"》，新华网，http://www.xinhuanet.com/politics/2015 – 12/29/c_1117601781_2.htm。

④ 《习近平"三农"金句》，人民网，http://politics.people.com.cn/n1/2018/0923/c1001 – 30309719.html。

⑤ 《习近平论"三农"》，人民网，http://politics.people.com.cn/n1/2019/0508/c1001 – 31072764.html。

化为推动乡村振兴的动力，把维护广大农民根本利益、促进广大农民共同富裕作为出发点和落脚点。"①

党的十八大以来，习近平总书记在中央重要会议上、在深入各地的调研考察中，就"三农"问题发表了一系列重要讲话，关键时刻党和国家有关"三农"的新论断、新战略在一定程度上改变了"三农"的困境，从2005年的"社会主义新农村建设"到2013年的"美丽乡村建设"，再到2017年"乡村振兴战略"的提出，彰显出全党对"三农"问题的重视。特别是在党的十八大之后，习近平总书记对推进"三农"工作提出的"三个必须""三个不能""三个坚定不移"的重要论述，体现了习近平总书记对"三农"的关心与牵挂。党的十九大报告正式提出乡村振兴战略，将十六届五中全会提出的新农村建设的内涵"二十字方针"上升为新时期乡村振兴的新内涵"二十字方针"，是新时期对农业强、农村美、农民富的新解读，是中国共产党立足全局、着眼长远、与时俱进的重大战略决策。其指明了农村改革的方向重点，提出了农业升级纲领和工作遵循，点亮了农民发展远景和未来。

2013年"精准扶贫"正式在十八洞村提出，振臂一呼、全国响应，实事求是、因地制宜，领导重视、部门联动、干部实干，推动"真扶贫、扶真贫、脱真贫、真脱贫"。湖南省龙山县里耶镇岩冲村，严格贯彻精准扶贫精神，领会精准扶贫内涵，充分结合地域优势，合理利用资源禀赋，充分利用紧靠拥有里耶明清古街、里耶古城、里耶秦简博物馆、里耶古城遗址等文化资源的里耶集镇的优势，结合本村拥有的柑橘等特色农业资源，发展乡村度假游、周末亲子游、体验采摘游等系列"农业＋旅游＋文化"融合发展模式。通过"村党支部＋合作社＋乡贤＋农民"的方式探索"三变"新路径，拓宽农民就业新渠道，拓展

---

① 《乡村振兴这篇大文章，如何谋篇布局？》，求是网，http://www.qstheory.cn/zhuanqu/rdjj/2019 - 06/01/c_1124571308. htm。

农民增收空间，精准扶贫扶到了点、扶到了根，让群众得到了真正的实惠，分享到了社会发展的红利。通过技术指导、种植推广、销路拓宽，壮大了岩冲村的椪柑、脐橙、蜜橘等主要农业支柱产业，壮大农业产业经济。通过通村到户道路硬化、主干道路绿化亮化、文化广场标准配齐、户户花香四溢等基础设施的配套建设，实现了农村美。通过产业帮扶、转移就业等措施，全村人民正走在致富奔小康的路上；岩冲村走上了依靠自身特色、发挥区位优势的乡村振兴的特色路；在各方的共同努力下，一个崭新的农业强、农村美、农民富的省级美丽示范村屹立在酉水岸边。

上　篇

乡村振兴的基础起点：精准扶贫

一

精准扶贫的背景意义

2012 年 12 月，习近平总书记在河北省阜平县考察扶贫开发工作时强调，推进扶贫开发、推动经济社会发展，首先要有一个好思路、好路子。要坚持从实际出发，因地制宜，理清思路、完善规划、找准突破口。要真真实实把情况摸清楚。要思考我们这个地方穷在哪里？为什么穷？有哪些优势？哪些自力更生可以完成？哪些需要依靠上面帮助和支持才能完成？要搞好规划，扬长避短，不要眉毛胡子一把抓。帮助困难乡亲脱贫致富要有针对性，要一家一户摸情况，张家长、李家短都要做到心中有数。2013 年 11 月，习近平总书记到湖南湘西十八洞村考察时首次提出要"精准扶贫"。2014 年 3 月，习近平总书记参加"两会"代表团审议时强调，要实施精准扶贫，瞄准扶贫对象，进行重点施策，进一步阐释了精准扶贫。

2015 年 1 月，习近平总书记新年首个调研地点选择了云南，他在调研过程中强调坚决打好扶贫开发攻坚战，加快民族地区经济社会发展。2015 年 6 月 18 日，习近平总书记在贵州召开部分省区市党委主要负责同志座谈会时强调，切实做到精准扶贫。扶贫开发贵在精准，重在精准，成败之举在于精准。各地都要在扶持对象精准、项目安排精准、资金使用精准、措施到户精准、因村派人（第一书记）精准、脱贫成效精准上想办法、出实招、见真效。要坚持因人因地施策，因贫困原因施策，因贫困类型施策，区别不同情况，做到对症下药、精准滴灌、靶向治疗，不搞大水漫灌、走马观花、大而化之。要因地制宜研究实施"四个一批"的扶贫攻坚行动计划，即通过扶持生产和就业发展一批，通过移民搬迁安置一批，通过低保政策兜底一批，通过医疗救助扶持一批，实现贫困人口精准脱贫。2015 年 10 月，习近平总书记在 2015 年减贫与发展高层论坛上强调，现在，中国在扶贫攻坚工作中采取的重要举措，就是实施精准扶贫方略，找到"贫根"，对症下药，靶向治疗。我们坚持中国制度的优势，构建省市县乡村五级一起抓扶贫，层层落实责任制的治理格局。2015 年 11 月，习近平总书记在中央扶贫开发工作会议上强调，脱贫攻坚要取得实实在在的效果，关键是要找准路子、构建好的体制机制，抓重点、解难点、把握着力点。空喊口号、好大喜功、胸中无数、盲目蛮干不行，搞大水漫灌、走马观花、大而化之、手榴弹炸跳蚤也不行，必须在精准施策上出实招、在精准推进上下实功、在精准落地上见实效。

2016 年 7 月，习近平总书记在东西部扶贫协作座谈会上讲话时强调，脱贫攻坚工作要做实，必须把贫困识别、建档立卡工作做实。要紧盯扶贫对象，实行动态管理，应该退出的及时销号，符合条件的及时纳入，定期开展"回头看"活动，既不要漏掉真正的贫困人口，也不能把非贫困人口纳入扶贫对象。帮扶措施一定要实，因地制宜、因人因户施策，找准症结把准脉，开对药方拔"穷根"。2017 年 10 月，习近平总书记在十九大报告中指出，要动员全党全国全社会力量，坚持精准扶贫、精准脱贫，坚持中央统筹省负总责市县抓落实的工作机制，强化党政一把手负总责的责任制，坚持大扶贫格局，注重扶贫同扶志、扶智相结合，深入实施东西部扶贫协作，重点攻克深度贫困地区脱贫任务，确保到 2020 年我国现行标准下农村贫困人口实现脱贫，贫困县全部摘帽，解决区域性整体贫困，做到脱真贫、真脱贫。2017 年 12 月，习近平总书记在中央经济工作会议上讲话时强调，打好脱贫攻坚战，关键是聚焦再聚焦、精准再精准，采取更加集中的支持、更加有力的举措、更加精细的工作，瞄准特定贫困群众精准帮扶。对有劳动能力的，要通过产业扶持、转移就业等办法实现脱贫；对丧失劳动能力的，要确保他们病有所医、残有所助、生活有兜底，要通过最低生活保障及其他政策措施，确保他们基本生活有保障，实现脱贫。

2018 年 2 月，习近平总书记在打好精准脱贫攻坚战座谈会上讲话时强调，脱贫攻坚，精准是要义。必须坚持精准扶贫、精准脱贫，坚持扶持（贫）对象精准、项目安排精准、资金使用精准、措施到户精准、因村派人（第一书记）精准、脱贫成效精准等"六个精准"，解决好扶持谁、谁来扶、怎么扶、如何退问题，不搞大水漫灌，不搞手榴弹炸跳蚤，因村因户因人施策，对症下药、精准滴灌、靶向治疗，扶贫扶到点上扶到根上。2019 年 4 月，习近平总书记赴重庆实地考察调研，并主持召开解决"两不愁三保障"突出问题座谈会，强调脱贫攻坚战进入决胜的关键阶段，各地区各部门务必高度重视，统一思想，抓好落实，一鼓作气，顽强作战，越战越勇，着力解决"两不愁三保障"突出问题，扎实做好今明两年脱贫攻坚工作，为如期全面打赢脱贫攻坚战、如期全面建成小康社会做出新的更大贡献。2019 年 8 月，习近平总书记在甘肃进行考察调研时强调，要深化脱贫攻坚，坚持靶心不偏、焦点不散、标准不变，在普遍实现"两不愁"的基础上，重点攻克"三保障"方面的突出问题，把脱贫攻坚重心向深度贫困地区聚焦，以"两州一县"和 18 个省定深度贫困县为重点，逐村逐户、逐人逐项去解决问题，坚决攻克最后的贫困堡垒。

（一）精准扶贫提出背景

我国扶贫开发始于 20 世纪 80 年代中期，通过近 30 年的不懈努力，取得了举世公认的辉煌成就，但是，长期以来贫困居民底数不清、情况不明、针对性不强、扶贫资金和项目指向不明等问题较为突出。在具体工作中存在"谁是贫困居民""贫困原因是什么""怎么针对性帮扶""帮扶效果又怎样"等问题。由于各省乃至全国都没有建立统一的扶贫信息系统，因此，对于具体贫困居民、贫困农户的帮扶工作就存在许多盲点，一些真正的贫困农户和贫困居民没有得到帮扶。

我国扶贫开发经历了五个阶段。

1. 体制改革推动扶贫阶段（1978～1985 年）

这一阶段全国农村没有解决温饱的贫困人口从 2.5 亿人减少到 1.25 亿人，平均每年减少 1786 万人，贫困发生率从 30.7%下降到 14.8%。

2. 大规模开发式扶贫阶段（1986～1993 年）

1986 年，国务院贫困地区经济开发领导小组成立，安排专项扶贫资金，划定了 331 个国家级贫困县，变救济式扶贫为开发式扶贫。到 1993 年底时，全国农村没有解决温饱问题的贫困人口减少到 8000 万人，贫困发生率下降到 8.7%。

3. 八七扶贫攻坚阶段（1994～2000 年）

这一阶段以解决温饱问题为主要目标。1994 年 3 月，《国家八七扶贫攻坚计划》颁布实施，重新划定了贫困县的标准和范围。到 2000 年底时，全国农村尚未解决温饱问题的贫困人口减少到 3000 万人，贫困发生率下降到 3%。

4. 巩固成果综合扶贫阶段（2001～2010 年）

这一阶段以贫困村为基本瞄准对象。2001 年，《中国农村扶贫开发纲要（2001—2010 年）》颁布实施。截至 2010 年，按照年人均可支配收入 1274 元的扶贫标准，全国农村贫困人口减少到 2688 万人，农村贫困人口的比重下降到 2.8%。

5. 精准扶贫、精准脱贫阶段（2011 年至今）

《中国农村扶贫开发纲要（2011—2020 年）》、《关于创新机制扎实推进农村扶贫开发工作的意见》（中办发〔2013〕25 号）、中共中央国务院《关于打赢脱贫攻坚战的决定》颁布实施，中央决定将农民人均纯收入 2300 元（2010 年不变价）作为新的国家扶贫标准，这个标准比 2009 年 1196 元的标准提高了 92%。截至 2014 年，在现行标准下农村贫困人口减少到 7017 万人，贫困发生率下降到 7.2%；到 2015 年底时，现行标准下的农村贫困人口减少到 5575 万人，贫困发生率下降到 5.7%。

与精准扶贫相对的是粗放扶贫。长期以来，扶贫中的低质、低效问题普遍存在。例如，贫困居民底数不清，扶贫对象常由基层干部推测，扶贫资金"天女散花"，以至于"年年扶贫年年贫"；重点县舍不得

"脱贫摘帽",数字弄虚作假,挤占浪费国家扶贫资源;人情扶贫、关系扶贫普遍存在,造成应扶未扶、扶富不扶穷等社会不公问题,甚至滋生腐败。从表面上看,粗放扶贫是工作方法存在问题,实质上反映的是干部的群众观念和执政理念的大问题,不可小觑。

过去的扶贫制度设计存在缺陷,不少扶贫项目粗放"漫灌",针对性不强,更多的是在"扶农"而不是"扶贫"。以扶贫搬迁工程为例,居住在边远山区、地质灾害隐患区等地的贫困户,一方水土难养一方人,是扶贫开发最难啃的"硬骨头",移民搬迁是较好的出路。但是,因为补助资金少,所以享受扶贫资金补助搬出来的大多是经济条件相对较好的农户,特别贫困的农户根本搬不起。新村扶贫、产业扶贫、劳务扶贫等项目,受益多的主要还是贫困地区中的中高收入农户,只有较少比例贫困农户从中受益,且受益也相对较少。

原有的扶贫体制机制必须修补和完善。换句话说,就是要解决钱和政策用在谁身上、怎么用、用得怎么样等问题。扶贫必须要有"精准度",专项扶贫更要瞄准贫困居民,特别是财政专项扶贫资金务必重点用在贫困居民身上,用在正确的方向上。扶贫要做雪中送炭的事,千万不能用扶贫的钱去搞高标准的新农村建设,做形象工程却不能实现扶真贫。

40多年的改革开放,使数亿中国人甩掉了贫困的帽子,但中国的扶贫仍然面临艰巨的任务。按照中国扶贫标准,到2018年底中国还有1660万农村贫困人口,贫困地区发展滞后问题没有根本改变。在民生问题中,困难群体往往有更多更强烈的诉求,因此,需要给予更多的关注和帮扶。

扶贫开发工作已进入"啃硬骨头、攻坚拔寨"的冲刺期。各级党委和政府必须增强紧迫感和主动性,在扶贫攻坚上进一步理清思路、强化责任,采取力度更大、针对性更强、作用更直接、效果更可持续的措施,特别要在精准扶贫、精准脱贫上下更大功夫。2018年,全国有1386万农村贫困人口摆脱贫困,预计有280个左右贫困县摘帽。2018

年末，全国农村贫困人口从 2012 年末的 9899 万人减少至 1660 万人，累计减少 8239 万人；贫困发生率从 2012 年的 10.2% 下降至 1.7%，累计下降 8.5 个百分点。

习近平总书记 2012 年底到河北阜平老区考察时，关于扶贫工作，他讲不要用"手榴弹炸跳蚤"，到了 2013 年 11 月，习近平总书记到湖南湘西考察时，首次提出了"精准扶贫"概念。在贵州又讲了"六个精准"："扶贫对象要精准、项目安排要精准、资金使用要精准、措施到户要精准、因村派人要精准、脱贫成效要精准"。越往后（扶贫工作）内涵越丰富，操作性越强。理解"精准扶贫"要义，用我们老百姓的话，就是"对症下药，药到病除"。

2015 年 1 月，习近平总书记在云南考察时指出，扶贫开发是我们第一个百年奋斗目标的重点工作，是最艰巨的任务。现在距实现全面建成小康社会只有五六年时间了，时不我待，扶贫开发要增强紧迫感，真抓实干，不能光喊口号，绝不能让困难地区和困难群众掉队。

国务院扶贫办党组书记、主任刘永富认为，扶贫工作要从解决突出问题入手，建立有内生动力、有活力，能够让贫困人口自己劳动致富的长效机制。中国的贫困人口全部脱贫，在中国具有划时代的意义，在国际上也具有典型意义。刘永富表示，中国扶贫取得的成就是举世瞩目的，中国减贫的经验也是国际期盼了解的热点内容。中国是最大的发展中国家，贫困人口比较多，通过社会主义制度、通过党的领导，通过全社会的动员，在全世界能够做出一个成功的"中国样板"。①

精准扶贫是扶贫开发工作中必须坚持的重点工作。2015 年习近平总书记在贵州调研时就加大力度推进扶贫开发工作提出"要切实落实领导责任，要切实做到精准扶贫，要切实强化社会合力，要切实加强基

---

① 《习近平提"精准扶贫"的内涵和意义是什么》，人民网，http://legal.people.com.cn/n/2015/0804/c188502-27408724.html。

层组织"的具体要求。他强调，特别要在精准扶贫、精准脱贫上下更大功夫，具体就是要在扶持（贫）对象精准、项目安排精准、资金使用精准、措施到户精准、因村派人（第一书记）精准、脱贫成效精准上想办法、出实招、见真效。

精准扶贫是新时期党和国家扶贫工作的精髓和亮点。党和国家一直十分关心和重视扶贫工作，改革开放以来，经过全国范围有计划有组织的大规模开发式扶贫，我国贫困人口大量减少，贫困地区面貌显著变化。进入 21 世纪以来，中国经济腾飞发展，人民生活水平不断提高，但扶贫开发工作依然面临十分艰巨而繁重的任务，已进入"啃硬骨头、攻坚拔寨"的冲刺期，对党和国家的扶贫工作提出了新的要求和挑战。精准扶贫正是以习近平同志为核心的党中央治国理政方略中对新时期扶贫工作新挑战与新要求的积极应对和正确指引。

精准扶贫是全面建成小康社会、实现中华民族伟大复兴"中国梦"的重要保障。习近平总书记多次强调，消除贫困、改善民生、实现共同富裕，是社会主义的本质要求；没有农村的小康，特别是没有贫困地区的小康，就没有全面建成小康社会。2016 年春节来临之际，在井冈山市茅坪乡神山村视察时，习近平总书记对乡亲们说，我们党是全心全意为人民服务的党，将继续大力支持老区发展，让乡亲们日子越过越好；在扶贫的路上，不能落下一个贫困家庭，丢下一个贫困群众。这就要求我们必须坚定地走精准扶贫之路，坚持因人因地施策、因贫困原因施策、因贫困类型施策，让贫困地区人民自愿、主动、自信、坚定地走上脱贫致富的道路，早日建成全面小康社会，实现中华民族的伟大复兴。

2017 年 10 月 18 日，习近平总书记在党的十九大报告中指出，要动员全党全国全社会力量，坚持精准扶贫、精准脱贫，坚持中央统筹、省负总责、市县抓落实的工作机制，强化党政一把手负总责的责任制，坚持大扶贫格局，注重扶贫同扶志、扶智相结合，深入实施东西部扶贫协作，重点攻克深度贫困地区脱贫任务，确保到 2020 年我国现行标准下农村贫困人口实现脱贫，贫困县全部摘帽，解决区域性整体贫困问题，做到脱真贫、真脱贫。

（二）精准扶贫内涵要义

1. 精准扶贫的要义是精准化

习近平总书记指出："扶贫开发贵在精准，重在精准，成败之举在于精准。各地都要在扶持（贫）对象精准、项目安排精准、资金使用精准、措施到户精准、因村派人（第一书记）精准、脱贫成效精准上想办法、出实招、见真效。"① 因此，扶贫工作贵在真扶贫、扶真贫、脱真贫、真脱贫，少搞一些"盆景"，多做一些惠及广大贫困人口的实事。精准扶贫包括精准识别、精准帮扶、精准管理和精准考核四项机制，其核心要义就是精准化理念，要求将精准化理念作为扶贫工作的基本理念，贯穿于扶贫工作的全过程。

扶贫与减贫有什么区别？

扶贫和减贫其实都同属一个概念范畴。世界大多数国家称减贫，我国及一些少数国家称扶贫。减贫指国际社会、世界各国、社会各界为减少贫困，针对特定地区和群体组织开展的活动。扶贫，主要是指国家机关、社会各界和个人帮助农村贫困地区和贫困人口提高发展能力、实现脱贫致富的活动。

什么是绝对贫困户与相对贫困户？

绝对贫困户，是指个人或家庭不能维持最低生活水平，简单地说，就是生活在温饱线以下，缺衣少食，需要解决生存权的贫困群体。2015年10月，世界银行更新了国际绝对贫困线，从2005年的每人每天平均

---

① 《习近平谈如何打赢脱贫攻坚战》，新华网，http://www.xinhuanet.com/2018 - 08/13/c_1123263998.htm。

收入 1.25 美元上调至 1.9 美元，绝对贫困群体每人每天平均收入低于 1.9 美元。相对贫困户，是指个人或家庭的收入生活水平虽然已基本解决了温饱问题，脱离了绝对贫困，但社会平均收入生活水平还相对较低，需要给予扶持关注的贫困群体。

脱贫攻坚"一个目标"是指什么？

"一个目标"就是补好全面建成小康社会的短板，到 2020 年农村贫困人口实现脱贫。具体而言，就是到 2020 年稳定实现农村贫困人口"两不愁"（不愁吃、不愁穿）、"三保障"（义务教育、基本医疗和住房安全有保障）。

打赢脱贫攻坚战的基本方略是什么？

以精准扶贫、精准脱贫为基本方略，坚持扶贫开发与经济社会发展相互促进，坚持精准帮扶与集中连片特殊困难地区开发紧密结合，坚持扶贫开发与生态保护并重，坚持扶贫开发与社会保障有效衔接。

----

2. 精准扶贫的基础是分类分批

习近平总书记指出，因地制宜、科学规划、分类指导、因势利导，各项扶持政策要进一步向革命老区、贫困地区倾斜。习近平总书记在 2015 年详细论述了其分批分类扶贫理念，概括为"四个一批"，即"通过扶持生产和就业发展一批，通过移民搬迁安置一批，通过低保政策兜底一批，通过医疗救助扶持一批"，后发展为"五个一批"。

在精准扶贫基本方略中，分批分类理念是基础工具。通过扶持生产和就业发展一批，就是要加强业务培训和培育计划，因地制宜制定特色扶持政策，帮助一批具备软硬件基本条件的群体迅速脱贫。通过移民搬迁安置一批，就是针对部分因居住地自然条件恶劣等因素、不具备扶贫脱贫的基本自然资源的贫困群体，有计划性地移民搬迁，安置到自然条件相对较好的居住地，并继续实施帮扶直至脱贫。通过低保政策兜底一批，就是针对部分劳动能力低下，或者丧失劳动能力的贫困人群，不再以就业培训为主,而是果断通过低保等民政救助的方式保障其基本生活。通过医疗救助扶持一批,就是帮助部分群体缓解医疗压力,杜绝因病致贫、增加贫困人口,防止因病返贫,使得扶贫工作倒退。

3. 精准扶贫的目标是精准脱贫

脱贫首先要从思想上脱贫,扶贫要先扶志。习近平总书记强调:"弱鸟可望先飞,至贫可能先富,但能否实现先飞、先富,首先要看我们头脑里有无这种意识,贫困地区完全可能依靠自身努力、政策、长处、优势在特定领域先飞,以弥补贫困带来的劣势。如果扶贫不从思想上进行正确的引导,不能树立强烈的脱贫愿望,扶贫的目的就难以达到,即使一度脱贫,也可能会再度返贫。"转变思想,脱贫观念是基础。

4. 精准扶贫的根本是如期脱贫

精准扶贫、精准脱贫,要求创新体制机制,组织整合扶贫资金,把专项扶贫资金、相关涉农资金和社会帮扶资金捆绑集中使用,组织动员并整合人才和人力资源,集中力量推进贫困地区贫困人口的脱贫,在贫困乡建立扶贫工作站,在贫困村选派好第一书记、建设好驻村工作队,配合村两委落实帮扶措施和帮扶责任,保证贫困户有人帮、有人扶,确保农村贫困人口如期脱贫。

5. 精准扶贫是巩固党执政的基石

精准扶贫基本方略的提出,为巩固党的阶级基础和扩大党的群众基础,提供了强大的理论道德支撑和实践操作平台。中国共产党的执政理念能够以更为实际的看得见摸得着的实绩而非简单宣传口号的方式深入千家万户,深入百姓心中,进一步提升了执政党的公信力。

强化各级领导干部精准扶贫思想是我党意识形态能否始终在社会舆论和各种思潮中处于引领地位的重要支撑。要把落实精准扶贫思想与新发展理念紧密结合起来,要有落实精准扶贫时不我待的紧迫感,要把精准扶贫理念延伸至"精准小康"理念,到2020年,坚决完成脱贫攻坚任务，全面建成小康社会。

按照党领导人民走中国特色社会主义道路总体战略部署，到2020年我国要全面建成小康社会，实现这一宏伟目标还有不到1年的时间，目前正处于决胜阶段。我们清醒地认识到，全面建成小康社会还存在一些短板，其中农村还有1600多万（2018年末数据）的贫困人口则是最突出的短板，必须合理安排公共资源、动员全党全社会力量齐心协力打赢这场脱贫攻坚战。

6. 精准扶贫是共同富裕的必由之路

共同富裕是中国特色社会主义的本质规定和根本原则。实现共同富裕，除了让有能力有条件发展经济的所有人能够脱贫致富外，也不能忽略没有能力条件或者暂时没有能力条件发展的人，这就需要对每个困难人口进行扶贫，这是精准扶贫、精准脱贫实现共同富裕的核心所在。

精准扶贫要领

第一，真情扶贫，切实聚焦最需要帮助的人。坚持以人民为中心的发展思想，只有对贫困群众的困难有感性认知、感情认同，才能精准找到贫困根源。2014年3月7日，习近平总书记参加十二届全国人大二次会议贵州代表团审议时说："我现在看到贫困地区的老百姓，确实发自内心地牵挂他们。作为共产党人一定要把他们放在心上，真正为他们办实事，否则我们的良知在哪里？"2015年6月16日到18日，习近平总书记在走访贵州遵义农村时指出，政策好不好，要看乡亲们是笑还是哭。如果乡亲们笑，这就是好政策，要坚持；如果有人哭，说明政策还需要完善和调整。

第二，组织扶贫，切实向最需要帮助的人倾斜。扶贫是全局性工作，各级党委和政府必须发挥有效组织核心的作用，联合当地经济组织和社会组织一起聚焦基层贫困户，发挥良好的集合效应。精准扶贫既是一项政治工作，又是一项群众工作。在实战中培养锻炼干部，打造一支吃苦耐劳的干部队伍。各地大力推行合作社联党员、党员联农户、富户带穷户、大户带小户的结对帮扶机制，效果十分明显。习近平总书记特别强调，要防止层层加码，要量力而行、真实可靠、保证质量。精准扶贫尤其要防止形式主义，扶真贫、真扶贫。

第三，发展扶贫，切实发挥市场的决定性作用。时刻牢记在精准扶贫时，使市场在资源配置中起决定性作用和更好地发挥政府作用。既不能用市场在资源配置中的决定性作用取代甚至否定政府作用，也不能用更好发挥政府作用取代甚至否定市场在资源配置中的决定性作用。要加大扶贫劳务协作，提高培训针对性和劳务输出组织化程度，促进转移就业，鼓励就地就近就业。要落实教育扶贫和健康扶贫政策，突出解决贫困家庭大病、慢性病和学生上学等问题。要加大政策落实力度，加大财政、土地等政策支持力度，加强交通扶贫、水利扶贫、金融扶贫、教育扶贫、健康扶贫等扶贫行动，扶贫小额信贷、扶贫再贷款等政策要突出精准。形成政府、市场、社会互为支撑的机制，攻坚克难，攻城拔寨，确保农村贫困人口到2020年如期脱贫。

第四，自立扶贫，充分发挥受助人的主观能动性。精准扶贫必须时刻牢记事物不会自动满足人的需要，人们只有充分发挥主观能动性，通过实实在在的行动，利用规律和条件，才能改造世界，创造美好的生活。坚持人民群众的主体地位，处理好国家和社会帮扶与贫困地区贫困群众自力更生的关系，注重培育精准扶贫的内生动力。上下同欲者胜，积极调动群众脱贫的积极性。贫困群众既是脱贫攻坚的对象，又是脱贫致富的主体。要注重扶贫同扶志、扶智相结合，把贫困群众积极性和主动性充分调动起来，引导贫困群众树立主体意识，发扬自力更生精神，激发改变贫困面貌的干劲和决心，靠自己的努力改变命运。

（三）精准扶贫国际意义

长期以来，国际社会都把促进发展、消除贫困作为国际人权保障的重要目标，致力于通过国际合作减缓贫困。2000年9月，在联合国首脑会议上，189个国家签署《联合国千年宣言》，宣布："我们将不遗余力地帮助我们十亿多男女老少同胞摆脱目前凄苦可怜和毫无尊严的极端贫穷状况。我们决心使每一个人实现发展权，并使全人类免于匮乏。"该宣言还提出"在2015年年底前，使世界上每日收入低于一美元的人口比例和挨饿人口比例降低一半"的具体目标。在千年发展目标部分实现的基础上，2015年召开的联合国发展峰会又通过了《2030年可持续发展议程》，提出到2030年消除极端贫困、让所有人的生活达到基本标准、优先消除饥饿、实现粮食安全、消除一切形式的营养不良的目标。

中国是国际减贫行动的积极参加者。改革开放以来，根据贫困人口主要集中在贫困地区农村的实际情况，中国政府持续开展了以农村扶贫开发为中心的减贫行动，有效缓解了农村贫困状况。从1994年开始，中国政府连续实施了《国家八七扶贫攻坚计划》《农村扶贫开发纲要（2001—2010年）》《中国农村扶贫开发纲要（2011—2020年）》等国家减贫规划，投入巨额财政资金、信贷资金和社会帮扶资金，全面改善贫困地区生产生活条件，促进贫困地区经济发展，帮助农村贫困人口摆脱贫困。

精准扶贫是习近平新时代中国特色社会主义思想的重要组成部分，也是马克思主义反贫困理论中国化的最新贡献，是中国特色社会主义道路的又一重大创新。精准扶贫已经取得了明显成效，获得了国际社会的高度评价，对在探索中前进的其他国家产生了积极影响。党的十八大以来，中国政府高度重视减贫工作，提出和实施了精准扶贫方略，制定了一系列力度大、针对性强的重大举措，以2020年实现农村贫困人口全部脱贫为目标，开展了规模空前的减贫行动，扶贫投入大幅增加。2015年中央预算内投资在贫困地区的投入超过1500亿元，约占全年中央预算内投资总规模的三分之一。中央财政专项扶贫资金从2011年的272亿元增长到2015年的467.45亿元。2012～2015年，国家为易地扶贫搬迁安排中央预算内投资404亿元。交通运输部投入车购税资金5500亿元，用于集中连片特困地区公路建设，带动全社会公路建设投入近2万亿元。贫困地区共安排中央水利投资2375亿元，占中央水利投资总规模的31.7%。

中国成为世界上减贫人口最多的国家，为全球减贫事业做出了重大贡献，得到了国际社会的广泛赞誉。扶贫开发极大地改变了中国农村贫困地区的落后面貌，提高了农村贫困人口的生活水平，减少了农村贫困人口。1986年，中国农村扶贫标准仅为年人均纯收入206元，2009年提高到1196元，2011年大幅提高到2300元。2014年，这一标准动态调整为每人每年2800元。按照现行扶贫标准，1978年，95%以上的中国农村人口都处在贫困线之下，贫困人口规模可达7.7亿人。改革开放以来，中国已经使7亿多农村贫困人口成功脱贫，农村贫困人口减少到5575万人，年均减少1900多万人；贫困发生率从1978年的97.5%下降到2015年的5.7%，下降了91.8个百分点。

精准扶贫是中国政府根据国情做出的解决贫困问题的决策和实践。精准扶贫概念的提出和施行契合时代发展的需要，彰显了中国领导人对扶贫工作的高度重视。推进精准扶贫，是扶贫进入关键阶段所进行的深层次改革，是中国人民逐步实现共同富裕的切实可行的操作路径。中国政府高度重视国际减贫交流合作，连续举办2017减贫与发展高层论坛、2017中非合作论坛——减贫与发展会议和第11届中国—东盟社会发展与减贫论坛，加强中国和其他发展中国家减贫与发展领域的合作与交流。组织实施援外减贫培训、东盟＋3村官交流项目和中非青年减贫与发展交流项目，推进东亚乡村减贫示范合作项目。特别是倡议筹建亚洲基础设施投资银行（以下简称亚投行），设立丝路基金，旨在支持发展中国家开展基础设施互联互通建设，增强自身发展能力，更好地融入全球供应链、产业链、价值链。这一系列举措，是中国为世界反贫困事业做出的伟大探索，为国际减贫事业注入了新活力，势必会开创21世纪人类反贫困事业的新纪元。

中国是最早实现千年发展目标中减贫目标的发展中国家。中国农村扶贫成就为世界减贫事业做出重大贡献，对国际人权发展做出重大贡献。国际舆论普遍认为，全球在消除极端贫困领域所取得的成绩主要归功于中国。美国《赫芬顿邮报》在题为《世界贫困人口20年内减半是谁的功劳?》的文章中说，如果我们能从中国过去15年间的努力中吸取经验，在全球创造另一个中国奇迹，那么甚至可以说，我们将带领人类永远走出贫困。中国在双边和多边框架内对120多个发展中国家实施千年发展目标提供了帮助。除了提供物资和资金援助外，中国还帮助其他发展中国家进行减贫方面的人员培训，介绍和推广中国经验。随着中国经济社会的发展，中国在消除贫困、促进国际人权保障方面的贡献会越来越大。

精准扶贫是世界反贫困的最新实践

扶贫不仅是中国社会主义建设、现代化经济体系建设的重要内容，也是一项有着世界典范意义的伟大工作。多年来，中国走出了一条具有中国特色的减贫道路，在2015年就提前完成《联合国千年宣言》目标，在189个缔约国中前所未有地使4.39亿人摆脱了极端贫困状态，成为全球最早实现千年发展目标中减贫目标的发展中国家，得到了国际社会的广泛赞誉。中国减贫事业的巨大成就高度证明了社会主义制度的优越性。

习近平总书记告诫说，"我们不能一边宣布全面建成了小康社会，另一边还有几千万人口的生活水平处在扶贫标准线以下，这既影响人民群众对全面建成小康社会的满意度，也影响国际社会对我国全面建成小康社会的认可度"。所以我们必须要以世界眼光来看待"精准扶贫"，不仅是中国社会主义建设的理论总结，而且是世界扶贫理论的最新探索和总结。

二
精准扶贫的框架理念

习近平总书记关于精准扶贫、精准脱贫的系列重要讲话，聚焦"精准"，落脚"精准"，思想内涵丰富、博大精深，既具雄浑的历史高度，又有丰厚的理论深度和生动的实践维度，是指引我们取胜脱贫攻坚战、全面建成小康社会、助力乡村振兴的强大思想武器。

党的十八大以来，以习近平同志为核心的党中央把贫困人口脱贫作为全面建成小康社会的底线任务和标志性指标，在全国范围全面打响脱贫攻坚战。脱贫攻坚力度之大、规模之广、影响之深，前所未有。当前，扶贫开发工作依然面临十分艰巨而繁重的任务，已进入啃硬骨头、攻坚拔寨的冲刺期。脱贫攻坚形势逼人、刻不容缓，亟须采取力度更大、针对性更强、作用更直接、效果更可持续的措施，特别要在精准扶贫、精准脱贫上下更大功夫。

基于精准扶贫提出背景、精准扶贫内涵要义、精准扶贫国际意义，梳理精准扶贫的框架理念，形成系统的精准扶贫概念框架。基于概念框架提出精准扶贫方略的实施路径，强化以人民为中心意识、构建城乡融合发展格局、推行"三位一体"扶贫模式、做实"四个切实"扶贫要求、紧扣"五个一批"脱贫措施、把握"六个精准"扶贫要领、保障"七个强化"措施落实。发挥群众主体作用、开展扶贫扶志教育、加强技能培训、强化典型示范、强化组织保障，打赢精准脱贫攻坚战。

2015年习近平总书记在中央党校县委书记研修班学员座谈会、全国"两会"、中央政治局集体学习、中央扶贫开发工作会议以及贵州、吉林等地调研等多个场合发表重要讲话，做了关于"六个精准"、"五个一批"、破解城乡二元结构、"四个切实"等重要论述，进一步完善了精准扶贫、精准脱贫的基本方略，全面部署"十三五"脱贫攻坚工作。2016年，习近平总书记在新年贺词中以及出席全国"两会"，考察重庆、江西和安徽，视察中央新闻单位等多个重要场合，发表一系列关于精准扶贫、精准脱贫的重要讲话。2017年2月21日下午，中共中央政治局就我国脱贫攻坚形势和更好实施精准扶贫进行第 39 次集体学习时，习近平总书记发表重要讲话，提出了做好精准扶贫工作的"七个强化"。

（一）一个意识

宗旨意识是精准扶贫、精准脱贫的根本指引。2012 年 12 月，习近平总书记在河北阜平县考察扶贫开发工作时强调："做好扶贫开发工作，使发展成果更多更公平惠及人民，是我们党坚持全心全意为人民服务根本宗旨的重要体现，也是党和政府的重大职责。"他特别指出，我们党员干部都要有这样一个意识：只要还有一家一户乃至一个人没有解决基本生活问题，我们就不能安之若素；只要群众对幸福生活的憧憬还没有变成现实，我们就要毫不懈怠团结带领群众一起奋斗。习近平总书记在这里强调的"这样一个意识"，就是作为我们党立党之本的全心全意为人民服务的宗旨意识。我们党的一切工作，包括当前的精准扶贫精准脱贫工作，必须而且必然要以党的宗旨意识为根本指引和导向。

党的十八大以来，"人民"一词是习近平总书记系列重要讲话中出现的高频词，困难群众、贫困地区始终是他心头最大的牵挂。以习近平同志为核心的党中央把脱贫攻坚作为关乎党和国家政治方向、根本制度和发展道路的大事，扶贫开发成为全面建成小康社会的底线目标。

6 年多来，从黄土高坡到雪域高原，从西北边陲到云贵高原，习近平总书记风雪兼程赴贫困地区调研，踏遍了祖国的大江南北。2019 年初，习近平总书记在四川考察时强调，我们搞社会主义就是要让人民群众过上幸福美好的生活，全面建成小康社会一个民族、一个家庭、一个人都不能少。

精准扶贫集中体现了以人民为中心的发展思想。马克思主义认为，人民群众是历史的创造者，是推动社会发展的决定力量。人民是历史的创造者，是决定党和国家前途命运的根本力量。必须坚持人民主体地位，坚持立党为公、执政为民，践行全心全意为人民服务的根本宗旨，把党的群众路线贯彻到治国理政全部活动之中，把人民对美好生活的向往作为奋斗目标，依靠人民创造历史伟业。6 年来，全党全国全社会共同参与，坚持精准扶贫、精准脱贫，注重扶贫同扶志、扶智相结合，重点攻克深度贫困地区脱贫任务，使减贫事业取得重大成效，贫困发生率从 10.2% 降至 3.1%。精准扶贫、精准脱贫取得的巨大成就，生动体现了党和国家以人民为中心的发展思想。

精准扶贫彰显了实现共同富裕的社会主义本质要求。改革开放以来，我国经济建设取得了巨大成就，但发展的不平衡不充分现象仍然突出。贫困问题严重影响低收入群众的生活质量和获得感，也是阻碍社会主义现代化进程的最大绊脚石。党的十八大以来，党中央集中各方面资源力量深入贫困地区，深入了解贫困群众，把贫困人口、贫困程度、致贫原因等搞清楚，以精准化要求开展扶贫工作。随着五级书记抓脱贫攻坚、东西部协作扶贫、中央单位定点扶贫等各项措施的稳步推进，脱贫攻坚战取得决定性进展。如今，脱贫攻坚已经到了攻坚克难的冲刺阶段，剩下的都是一些贫困程度深、脱贫难度大的深度贫困地区。党中央提出，要以更大的决心、更明确的思路、更精准的举措、超常规的力度，坚决打赢这场硬仗，兑现我们党"让贫困人口和贫困地区同全国一道进入全面小康社会"的庄严承诺，彰显实现共同富裕的社会主义本质要求。

精准扶贫的出发点是为了维护最广大人民的根本利益，是为了让全体人民共享改革发展成果，是以人民为中心的发展思想的集中体现和深刻阐释，提升了关于社会主义共同富裕的思想认识，是马克思主义中国化的又一重要成果，是中国特色社会主义道路的又一重大实践。可以说，精准扶贫既是实践创新，又是理论创新；既是对中国的贡献，也是对世界的贡献。精准扶贫从提出到落实再到形成系统的思想，不仅为我国脱贫攻坚事业取得成功提供了指导，而且为世界减贫事业提供了中国经验，也是"全心全意为人民服务"宗旨的生动实践。

习近平关于扶贫工作重要讲话（摘选）

消除贫困、改善民生、实现共同富裕，是社会主义的本质要求。现在，我国大部分群众生活水平有了很大提高，出现了中等收入群体，也出现了高收入群体，但还存在大量低收入群众。真正要帮助的，还是低收入群众。——习近平总书记在河北省阜平县考察扶贫开发工作时的重要讲话（2012 年 12 月 29 日、30 日）

全面建成小康社会、实现第一个百年奋斗目标，农村贫困人口全部脱贫是一个标志性指标。对这个问题，我一直在思考，也一直在强调，就是因为心里还有些不托底。所以，我说小康不小康，关键看老乡，关键看贫困老乡能不能脱贫。全面建成小康社会，是我们对全国人民的庄严承诺，必须实现，而且必须全面实现，没有任何讨价还价的余地。不能到了时候我们说还实现不了，再干几年。也不能到了时候我们一边宣布全面建成了小康社会，另一边还有几千万人生活在扶贫标准线以下。如果是那样，必然会影响人民群众对全面小康社会的满意度和国际社会对全面小康社会的认可度，也必然会影响我们党在人民群众中的威望和我们国家在国际上的形象。我们必须动员全党全国全社会力量，向贫困发起总攻，确保到二〇二〇年所有贫困地区和贫困人口一道迈入全面小康社会。——习近平总书记在中央扶贫开发工作会议上的重要讲话（2015 年 11 月 27 日）

消除贫困是人类的共同使命。中国在致力于自身消除贫困的同时，始终积极开展南南合作，力所能及向其他发展中国家提供不附加任何政治条件的援助，支持和帮助广大发展中国家特别是最不发达国家消除贫困。——习近平总书记在 2015 减贫与发展高层论坛的主旨演讲（2015 年 10 月 l6 日）

中国人民深知实现国家繁荣富强的艰辛，对各国人民取得的发展成就都点赞，都为他们祝福，都希望他们的日子越过越好，不会犯"红眼病"，不会抱怨他人从中国发展中得到了巨大机遇和丰厚回报。中国人民张开双臂欢迎各国人民搭乘中国发展的"快车""便车"。——习近平总书记在世界经济论坛 2017 年年会开幕式上的主旨演讲——共担时代责任，共促全球发展（2017 年 1 月 17 日）

我们要始终把人民立场作为根本立场，把为人民谋幸福作为根本使命，坚持全心全意为人民服务的根本宗旨，贯彻群众路线，尊重人民主体地位和首创精神，始终保持同人民群众的血肉联系，凝聚起众志成城的磅礴力量，团结带领人民共同创造历史伟业。——习近平总书记在纪念马克思诞辰 200 周年大会上的讲话（2018 年 5 月 4 日）

（二）二元融合

习近平总书记强调，全面建成小康社会，难点在农村。我们既要有工业化、信息化、城镇化，也要有农业现代化和新农村建设，两个方面要同步发展。要破除城乡二元结构，推进城乡一体化（见图 2-1），把广大农村建设成农民幸福生活的美好家园。破解城乡二元结构是精准扶贫、精准脱贫的重要依托。全面建成小康社会，最艰巨最繁重的任务在农村，特别是农村贫困地区。改革开放以来，我国农村面貌发生了翻天覆地的变化。但是，城乡二元结构没有根本改变，城乡发展差距不断拉大的趋势没有根本扭转。习近平总书记要求，我们一定要抓紧工作、加大投入，努力在统筹城乡关系上取得重大突破，特别是要在破解城乡二元结构、推进城乡要素平等交换和公共资源均衡配置上取得重大突破，给农村发展注入新的动力，让广大农民平等参与改革发展进程，共同享受改革发展成果。实施精准扶贫、精准脱贫，必须依托于破解城乡二元结构这一发展中国家面临的普遍性难题，否则精准扶贫、精准脱贫很难做到更有针对性。破解城乡二元结构必须紧紧依靠精准扶贫、精准脱贫这一重要抓手。

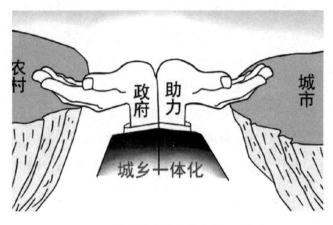

图 2-1 精准扶贫需要推进城乡一体化

（三）"三位一体"

"三位一体"是精准扶贫、精准脱贫的力量之源。习近平总书记十分重视大扶贫格局的建设，他强调，扶贫开发是全党全社会的共同责任，要动员和凝聚全社会力量广泛参与。他明确指出，要凝聚全党全社会力量，形成扶贫开发工作强大合力。2015 年 6 月 18 日，在贵州召开部分省区市党委主要负责同志座谈会上的讲话中，习近平总书记强调，要坚持专项扶贫、行业扶贫、社会扶贫等多方力量、多种举措有机结合和互为支撑的"三位一体"大扶贫格局（见图 2-2），健全东西部协作、党政机关定点扶贫机制，广泛调动社会各界参与扶贫开发积极性。2017 年 6 月 23 日，在山西太原市主持召开的深度贫困地区脱贫攻坚座谈会上，习近平总书记再次强调要坚持"三位一体"大扶贫格局，以解决突出制约问题为重点，以重大扶贫工程和到村到户帮扶措施为抓手，以补短板为突破口。在扶贫开发工作中坚持"三位一体"，其实质是充分发挥政府、市场和社会的比较优势，互有侧重、互相补充，发挥整体合力。

图 2 - 2 　 "三位一体" 大扶贫格局

习近平关于扶贫工作重要讲话（摘选）

　　调动各方力量，加快形成全社会参与的大扶贫格局。"人心齐，泰山移。"脱贫致富不仅仅是贫困地区的事，也是全社会的事。要更加广泛、更加有效地动员和凝聚各方面力量。要强化东西部扶贫协作。东部地区不仅要帮钱帮物，更要推动产业层面合作，推动东部地区人才、资金、技术向贫困地区流动，实现双方共赢。不仅要推动省级层面协作，而且要推动市县层面协作。近些年来，中央和国家机关各部门、人民团体等承担定点扶贫任务的单位，围绕扶贫做了不少事情，为扶贫开发做出了重要贡献。今后要继续努力，同时要更加重视制度建设，明确各单位责任，建立考核评价机制。承担定点扶贫任务的中央企业，要把帮扶作为政治责任，不能有丝毫含糊。守望相助、扶危济困是中华民族的传统美德。要研究借鉴其他国家成功做法，创新我国慈善事业制度，动员全社会力量广泛参与扶贫事业，鼓励支持各类企业、社会组织、个人参与脱贫攻坚。同时，要引导社会扶贫重心下沉，促进帮扶资源向贫困村和贫困户流动，实现同精准扶贫有效对接。——习近平总书记在中央扶贫开发工作会议上的重要讲话（2015年11月27日）

幸福不会从天降。好日子是干出来的。脱贫致富终究要靠贫困群众用自己的辛勤劳动来实现。要尊重扶贫对象主体地位，各类扶贫项目和扶贫活动都要紧紧围绕贫困群众需求来进行，支持贫困群众探索创新扶贫方式方法。上级部门要深入贫困群众，问需于民、问计于民，不要坐在办公室里拍脑袋、瞎指挥。贫困群众需要的项目往往没有扶持政策，而明眼人都知道不行的项目却被当作任务必须完成。这种状况必须改变。要重视发挥广大基层干部群众的首创精神，支持他们积极探索，为他们创造八仙过海、各显神通的环境和条件。——习近平总书记在中央扶贫开发工作会议上的重要讲话（2015年11月27日）

我们坚持动员全社会参与，发挥中国制度优势，构建了政府、社会、市场协同推进的大扶贫格局，形成了跨地区、跨部门、跨单位、全社会共同参与的多元主体的社会扶贫体系。——习近平总书记在2015减贫与发展高层论坛的主旨演讲（2015年10月16日）

加快推进深度贫困地区脱贫攻坚，要按照党中央统一部署，坚持精准扶贫精准脱贫基本方略，坚持中央统筹、省负总责、市县抓落实的管理体制，坚持党政一把手负总责的工作责任制，坚持专项扶贫、行业扶贫、社会扶贫等多方力量、多种举措有机结合和互为支撑的"三位一体"大扶贫格局，以解决突出制约问题为重点，以重大扶贫工程和到村到户帮扶措施为抓手，以补短板为突破口，强化支撑保障体系，加大政策倾斜力度，集中力量攻关，万众一心克难，确保深度贫困地区和贫困群众同全国人民一道进入全面小康社会。——习近平总书记在深度贫困地区脱贫攻坚座谈会上的重要讲话（2017年6月23日）

（四）"四个切实"

"四个切实"（见图2-3）是精准扶贫、精准脱贫的基本框架。2015年6月18日，在贵州召开部分省区市党委主要负责同志座谈会时，习近平总书记就加大力度推进扶贫开发工作提出了"切实落实领导责任、切实做到精准扶贫、切实强化社会合力、切实加强基层组织"的具体要求。"四个切实"涵盖了领导机制、平台抓手、依靠力量和组织保障。切实落实领导责任，才能实现机制畅通；切实做到精准扶贫，才能实现"滴灌效应"；切实强化社会合力，才能实现整体联动；切实加强基层组织，才能实现根基牢靠。

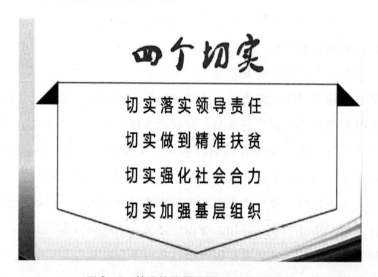

图2-3　精准扶贫需要做到"四个切实"

第一，切实落实领导责任。坚持党的领导，发挥社会主义制度可以集中力量办大事的优势，这是我们的最大政治优势。要强化扶贫开发工作领导责任制，把中央统筹、省负总责、市（地）县抓落实的管理体制，片为重点、工作到村、扶贫到户的工作机制，党政一把手负总责的扶贫开发工作责任制，真正落到实处。中央要做好政策制定、项目规划、资金筹备、考核评价、总体运筹等工作，省级要做好目标确定、项目下达、资金投放、组织动员、检查指导等工作，市（地）县要做好进度安排、项目落地、资金使用、人力调配、推进实施等工作。党政一把手要当好扶贫开发工作第一责任人，深入贫困乡村调查研究，亲自部署和协调任务落实。

第二，切实做到精准扶贫。扶贫开发贵在精准，重在精准，成败之举在于精准。各地都要在扶持（贫）对象精准、项目安排精准、资金使用精准、措施到户精准、因村派人（第一书记）精准、脱贫成效精准上想办法、出实招、见真效。要坚持因人因地施策，因贫困原因施策，因贫困类型施策，区别不同情况，做到对症下药、精准滴灌、靶向治疗，不搞大水漫灌、走马观花、大而化之。要因地制宜研究实施"四个一批"的扶贫攻坚行动计划，即通过扶持生产和就业发展一批，通过移民搬迁安置一批，通过低保政策兜底一批，通过医疗救助扶持一批，实现贫困人口精准脱贫。

第三，切实强化社会合力。扶贫开发是全党全社会的共同责任，要动员和凝聚全社会力量广泛参与。要坚持专项扶贫、行业扶贫、社会扶贫等多方力量、多种举措有机结合和互为支撑的"三位一体"大扶贫格局，健全东西部协作、党政机关定点扶贫机制，广泛调动社会各界参与扶贫开发积极性。要加大中央和省级财政扶贫投入，坚持政府投入在扶贫开发中的主体和主导作用，增加金融资金对扶贫开发的投放，吸引社会资金参与扶贫开发。要积极开辟扶贫开发新的资金渠道，多渠道增加扶贫开发资金。

第四，切实加强基层组织。做好扶贫开发工作，基层是基础。要把扶贫开发同基层组织建设有机结合起来，抓好以村党组织为核心的村级组织配套建设，鼓励和选派思想好、作风正、能力强、愿意为群众服务的优秀年轻干部、退伍军人、高校毕业生到贫困村工作，真正把基层党组织建设成带领群众脱贫致富的坚强战斗堡垒。选派扶贫工作队是加强基层扶贫工作的有效组织措施，要做到每个贫困村都有驻村工作队、每个贫困户都有帮扶责任人。工作队和驻村干部要一心扑在扶贫开发工作上，有效发挥作用。

（五）"五个一批"

"五个一批"（见图2-4）是精准扶贫、精准脱贫的重要途径。一是发展生产脱贫一批，引导和支持所有有劳动能力的人依靠自己的双手开创美好明天，立足当地资源，实现就地脱贫。二是易地搬迁脱贫一批，贫困人口很难实现就地脱贫的要实施易地搬迁，按规划、分年度、有计划组织实施，确保搬得出、稳得住、能致富。三是生态补偿脱贫一批，加大贫困地区生态保护修复力度，增加重点生态功能区转移支付，扩大政策实施范围，让有劳动能力的贫困人口就地转成护林员等生态保护人员。四是发展教育脱贫一批，治贫先治愚，扶贫先扶智，国家教育经费要继续向贫困地区倾斜、向基础教育倾斜、向职业教育倾斜，帮助贫困地区改善办学条件，对农村贫困家庭幼儿特别是留守儿童给予特殊关爱。五是社会保障兜底一批，对贫困人口中完全或部分丧失劳动能力的人，由社会保障来兜底，统筹协调农村扶贫标准和农村低保标准，加大其他形式的社会救助力度。要加强医疗保险和医疗救助，新型农村合作医疗和大病保险政策要对贫困人口倾斜。要高度重视革命老区脱贫攻坚工作。

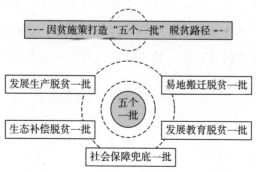

图2-4 精准扶贫"五个一批"脱贫路径

习近平关于扶贫工作重要讲话（摘选）

完成脱贫攻坚任务，越到后来难度越大。要以精准扶贫、精准脱贫为主线，分类施策，真抓实干，吹糠见米，确保贫困人口如期实现脱贫。要把发展生产扶贫作为主攻方向，努力做到户户有增收项目、人人有脱贫门路；要把易地搬迁扶贫作为重要补充，确保搬得出、稳得住、能致富；要把生态补偿扶贫作为双赢之策，让有劳动能力的贫困人口实现生态就业，既加强生态环境建设，又增加贫困人口就业收入；要把发展教育扶贫作为治本之计，确保贫困人口子女都能接受良好的基础教育，具备就业创业能力，切断贫困代际传递；要把社会保障兜底扶贫作为基本防线，加大重点人群救助力度，用社会保障兜住失去劳动能力人口的基本生活。——2017年春节前夕习近平总书记赴河北张家口看望慰问基层干部群众时的讲话

完善资金管理。扶贫资金量大、面广、点多、线长，监管难度大，社会各方面关注高。要强化监管，做到阳光扶贫、廉洁扶贫。要增加投入，确保扶贫投入同脱贫攻坚目标任务相适应。要加强资金整合，理顺涉农资金管理体系，确保整合资金围绕脱贫攻坚项目精准使用，提高使用效率和效益。要建立县级脱贫攻坚项目库，加强项目论证和储备，防止资金闲置和损失浪费。要健全公告公示制度，省、市、县扶贫资金分配结果一律公开，乡、村两级扶贫项目安排和资金使用情况一律公告公示，接受群众和社会监督。要加大惩治力度，对扶贫领域腐败问题，发现一起，严肃查处问责一起，绝不姑息迁就！——习近平总书记在打好精准脱贫攻坚战座谈会上的重要讲话（2018年2月12日）

（六）"六个精准"

2015年6月，习近平总书记在集中连片特困地区扶贫攻坚座谈会上

指出，要做到"六个精准"，即扶持（贫）对象精准、项目安排精准、资金使用精准、措施到户精准、因村派人（第一书记）精准、脱贫成效精准。

"六个精准"是精准扶贫、精准脱贫的核心要求。"六个精准"的总体要求就是要坚持因人因地施策、因贫困原因施策、因贫困类型施策，区别不同情况，做到对症下药、精准滴灌、靶向治疗，不搞大水漫灌、走马观花、大而化之。坚持精准扶贫、精准脱贫基本方略，重在提高脱贫攻坚成效，关键是要找准路子、构建好的体制机制，在精准施策上出实招、在精准推进上下实功、在精准落地上见实效。解决好"扶持谁"的问题，确保把真正的贫困人口弄清楚，把贫困人口、贫困程度、致贫原因等搞清楚，以便做到因户施策、因人施策。解决好"谁来扶"的问题，坚持省负总责、市县抓落实的管理体制，构建专项扶贫、行业扶贫、社会扶贫互为补充的大扶贫格局，做到分工明确、责任清晰、任务到人、考核到位。解决好"怎么扶"的问题，就是以建档立卡为基础，找准致贫原因，制定每村每户的帮扶计划，有计划地实行精准帮扶，做到扶真贫、真扶贫、脱真贫、真脱贫。

习近平关于扶贫工作重要讲话（摘选）

各级党委和政府必须增强紧迫感和主动性，在扶贫攻坚上进一步理清思路、强化责任，采取力度更大、针对性更强、作用更直接、效果更可持续的措施，特别要在精准扶贫、精准脱贫上下更大功夫。——习近平总书记在贵州召开部分省区市党委主要负责同志座谈会上的重要讲话（2015 年 6 月 18 日）

要解决好"扶持谁"的问题，确保把真正的贫困人口弄清楚，把贫困人口、贫困程度、致贫原因等搞清楚，以便做到因户施策、因人施策。——习近平总书记在中央扶贫开发工作会议上的重要讲话（2015 年 11

月 27 日至 28 日）

抓工作，要有雄心壮志，更要有科学态度。打赢脱贫攻坚战不是搞运动、一阵风，要真扶贫、扶真贫、真脱贫。要经得起历史检验。攻坚战就要用攻坚战的办法打，关键在准、实两个字。——习近平总书记在东西部扶贫协作座谈会上的重要讲话（2016 年 7 月 20 日）

要实施最严格的考核评估，坚持年度脱贫攻坚报告和督查制度，加强督查问责，对不严不实、弄虚作假的严肃问责。要加强扶贫资金管理使用，对挪用乃至贪污扶贫款项的行为必须坚决纠正、严肃处理。——习近平总书记在深度贫困地区脱贫攻坚座谈会上的重要讲话（2017 年 6 月 23 日）

要按照精准扶贫、精准脱贫的要求，扎实推进脱贫攻坚民主监督，为打赢脱贫攻坚战做出贡献。——习近平总书记在同党外人士座谈并共迎新春时强调（2018 年 2 月 6 日）

坚持精准方略，提高脱贫时效。脱贫攻坚，精准是要义。必须坚持精准扶贫、精准脱贫，坚持扶持（贫）对象精准、项目安排精准、资金使用精准、措施到户精准、因村派人（第一书记）精准、脱贫成效精准等"六个精准"，解决好扶持谁、谁来扶、怎么扶、如何退问题，不搞大水漫灌，不搞手榴弹炸跳蚤，因村因户因人施策，对症下药、精准滴灌、靶向治疗，扶贫扶到点上根上。——习近平总书记在打好精准脱贫攻坚战座谈会上的重要讲话（2018 年 2 月 12 日）

贫困县摘帽后，要继续完成剩余贫困人口脱贫任务，实现已脱贫人口的稳定脱贫。贫困县党政正职要保持稳定，做到摘帽不摘责任。脱贫攻坚主要政策要继续执行，做到摘帽不摘政策。扶贫工作队不能撤，做到摘帽不摘帮扶。要把防止返贫放在重要位置，做到摘帽不摘监管。要保持政策稳定性、连续性。——习近平总书记在重庆考察调研座谈会上的讲话（2019 年 4 月 16 日）

（七）"七个强化"

2017 年 2 月 21 日下午，习近平总书记在主持中共中央政治局第三十九次集体学习时，强调集中力量攻坚克难，更好推进精准扶贫精准脱贫，确保如期实现脱贫攻坚目标。欲攻坚克难须集中力量，欲精准脱贫须精准扶贫。习近平总书记在此次讲话中提出"七个强化"，即"要强化领导责任、强化资金投入、强化部门协同、强化东西协作、强化社会合力、强化基层活力、强化任务落实。"要求从整体入手，以战略思维谋全局，以系统思维聚合力，为打赢脱贫攻坚战提供了重要方法论指导，确保如期实现脱贫攻坚目标。

"七个强化"是精准扶贫、精准脱贫的总体方略。习近平总书记强调，农村贫困人口如期脱贫、贫困县全部摘帽、解决区域性整体贫困，是全面建成小康社会的底线任务，是我们做出的庄严承诺。习近平总书记关于精准扶贫、精准脱贫的一系列重要讲话，从根本指引、重要依托、力量之源、基本框架、重要途径、核心要求、总体方略等不同角度，全面深刻阐明了精准扶贫精准脱贫的重要意义和丰富内涵，既有重大的方法论意义，又具清晰的实操性价值，充分展示了习近平总书记对扶贫开发工作念兹在兹的人民情怀和历史担当。

习近平关于扶贫工作重要讲话（摘选）

贫困之冰，非一日之寒；破冰之功，非一春之暖。做好扶贫开发工作，尤其要拿出踏石留印、抓铁有痕的劲头，发扬钉钉子精神，锲而不舍、驰而不息抓下去。——习近平总书记同菏泽市及县区主要负责同志座谈时的重要讲话（2013 年 11 月 26 日）

全党同志务必把思想和行动统一到党中央决策部署上来、统一到实现"两个确保"的目标上来，决不能落下一个贫困地区、一个贫困群

众。——习近平总书记在中央扶贫开发工作会议上的重要讲话（2015年11月27日）

推进脱贫攻坚，关键是责任落实到人。要加快形成中央统筹、省（自治区、直辖市）负总责、市（地）县抓落实的扶贫开发工作机制，做到分工明确、责任清晰、任务到人、考核到位，既各司其职、各尽其责，又协调运转、协同发力。——习近平总书记在中央扶贫开发工作会议上的重要讲话（2015年11月27日）

抓好党建促脱贫攻坚，是贫困地区脱贫致富的重要经验，群众对此深有感触。"帮钱帮物，不如帮助建个好支部。"要把夯实农村基层党组织同脱贫攻坚有机结合起来。在乡镇层面，要着力选好贫困乡镇一把手、配强领导班子，使整个班子和干部队伍具有较强的带领群众脱贫致富能力。在村级层面，要注重选派一批思想好、作风正、能力强的优秀年轻干部和高校毕业生到贫困村工作，根据贫困村的实际需求精准选配第一书记、精准选派驻村工作队。要完善村级组织运转经费保障机制，通过财政转移支付和党费支持等办法，保障村干部报酬、村办公经费和其他必要支出。要探索各类党组织结对共建，通过贫困村同城镇居委会、贫困村同企业、贫困村同社会组织结对等多种共建模式，为扶贫带去新资源、输入新血液。——习近平总书记在中央扶贫开发工作会议上的重要讲话（2015年11月27日）

致富不致富，关键看干部。在脱贫攻坚战场上，基层干部在宣讲扶贫政策、整合扶贫资源、分配扶贫资金、推动扶贫项目落实等方面具有关键作用。——习近平总书记在东西部扶贫协作座谈会上的重要讲话（2016年7月20日）

脱贫攻坚是干出来的，首先靠的是贫困地区广大干部群众齐心干。用好外力、激发内力是必须把握好的一对重要关系。对贫困地区来说，外力帮扶非常重要，但如果自身不努力、不作为，即使外力帮扶再大，也难以有效发挥作用。只有用好外力、激发内力，才能形成合力。没有比人更高的山，没有比脚更长的路。只要贫困地区干部群众激发走出贫困的志向和内生动力，以更加振奋的精神状态、更加扎实的工作作风，自力更生、艰苦奋斗，我们就能凝聚起打赢脱贫攻坚战的强大力量。——习近平总书记在东西部扶贫协作座谈会上的重要讲话（2016年7月20日）

到2020年我国现行标准下农村贫困人口实现脱贫，是我们的庄严承诺。一诺千金。到2020年只有3年的时间，全社会要行动起来，尽锐出战，精准施策，不断夺取新胜利。3年后如期打赢脱贫攻坚战，这在中华民族几千年历史发展上将是首次整体消除绝对贫困现象，让我们一起来完成这项对中华民族、对整个人类都具有重大意义的伟业。——习近平总书记在2018年新年贺词中的讲话（2017年12月31日）

要关心爱护基层一线扶贫干部，让有为者有位、吃苦者吃香、流汗流血牺牲者流芳，激励他们为打好脱贫攻坚战努力工作。——习近平总书记在打好精准脱贫攻坚战座谈会上的重要讲话（2018年2月12日）

三

精准扶贫的实施路径

精准扶贫、精准脱贫要在创新上下功夫。习近平总书记指出，要采取超常举措，拿出过硬办法，按照精准扶贫、精准脱贫要求，用一套政策组合拳，确保在既定时间节点打赢扶贫开发攻坚战。这就需要大力弘扬创新精神，在体制机制、思路举措等方面的创新上下一番绣花功夫。

精准扶贫、精准脱贫要在协调上做文章。要逐步形成东西协调、区域联动、对口支援、政策贯通、资金融通、信息畅通、精准扶贫全国一盘棋的生动局面，形成整体合力，实施精准发力，生发内生动力，早日实现脱贫奔小康目标。

精准扶贫、精准脱贫要在绿色发展上找出路。绿色发展是社会主义生态文明建设的内在要求，贫困落后地区要充分发挥后发优势，结合资源禀赋，特别是绿色资源，发挥比较优势，立足旅游、养老、绿色农产品开发等领域，做好习近平总书记提出的"绿水青山就是金山银山"这篇大文章。

精准扶贫、精准脱贫要在开放上树格局。精准扶贫、精准脱贫，要有前瞻性的思路，更需要有大扶贫的格局。精准扶贫、精准脱贫既是目标也是手段，要通过改革开放的不断深化推进精准扶贫、精准脱贫，也要通过精准扶贫、精准脱贫为进一步深化改革扩大开放提供助力，实现改革开放与精准扶贫、精准脱贫的良性互动。

精准扶贫、精准脱贫要在共享上定准星。习近平总书记强调，消除贫困、改善民生、实现共同富裕，是社会主义的本质要求。精准扶贫、精准脱贫要深入贯彻共享发展理念，让贫困地区人民平等参与改革发展进程、共同享受改革发展成果是精准扶贫、精准脱贫的根本目标指向。

（一）强化以人民为中心意识

全心全意为人民服务是我们党的根本宗旨，在新的历史时期，面对新形势、新任务，需要每个共产党员时刻牢记党的宗旨并自觉实践党的宗旨，以全心全意为人民服务的实际行动，做出自己积极的贡献。

为民服务，就要牢固树立全心全意为人民服务的宗旨意识。良好的干群关系、和谐的党群关系是我们具体工作的体现，这就要求我们要自觉加强思想政治学习，重温党相信群众、依靠群众、服务群众的优良传统，坚持立党为公、执政为民，努力保持共产党的光荣本色，摆正自己在群众中的位置。要学习各类坚持党的宗旨、为人民服务、为保全人民利益不顾个人利益的先进典型，在思想感情上贴近人民群众，真正把人民群众当主人、当亲人。

为民服务，就要紧密联系群众，倾听群众心声，反映群众所想，解决群众所困。人民群众是党的根基，是国家的主人，我们每位党员、干部都是人民的公仆。因此，我们要真正做到"从群众中来，到群众中去"。在正常的日常工作中，我们面对和服务人民群众时，要主动争取群众的支持和参与，请群众出谋划策，把群众的评价作为检验我们工作成效的根本标准。这也要求我们要深入到人民群众中去，真正做到知群众之所需，想群众之所想，办群众之所急，更好地为民排忧解难。

为民服务，就要将服务人民群众坚持下去，形成长效机制。不管什么时候，在任何工作岗位，全心全意为人民服务的宗旨必须牢记于心，切实为人民群众多做实事、好事，让群众得到实惠。能让群众或企业一次办结的绝不让群众跑两趟，特别是要注重事情的细节，从细微处让群众感觉到我们工作的热情。这就要求我们要时刻关注、关爱他们，把人民群众的事情当作自己的事情去完成，不断满足人民群众日益增长的物质文化需求，不断创造人民群众幸福美好的新生活。

零距离、心换心——共谋全村发展之路

湖南省龙山县以精准脱贫攻坚统揽经济社会发展大局。县委办驻岩冲村扶贫工作队通过"火炉会"、"院坝会"、"代表会"、横幅、展板、宣传栏、公示牌等多种方式方法与全村百姓零距离、心换心，将各种政

策宣传到老百姓的面前，解答百姓各种诉求，做到"听真话""听实话""讲真话""讲实话"。在火炉前、院坝中，工作队成员集中、细致、专业宣讲各项帮扶惠顾政策，使得人民群众心里亮堂堂，从"针锋相对"的讨论到充满欢声笑语的交流，深得全村人民群众好评。工作队在美丽乡村建设、产业发展等方面让人民群众全程参与，成为全村人民群众的发声者，共谋全村小康之路。图 3-1 为湖南省龙山县里耶镇岩冲村驻村扶贫干部谭明交等人与人民群众一起开办"院坝会"。

图 3-1　湖南省龙山县里耶镇岩冲村驻村扶贫干部谭明交等人
与人民群众一起开办"院坝会"

（二）构建城乡融合发展格局

城乡二元经济结构一般是指以社会化生产为主要特点的城市经济和以小生产为主要特点的农村经济并存的经济结构。我国城乡二元经济结构主要表现为：城市经济以现代化的大工业生产为主，而农村经济以典型的小农经济为主；城市的道路、通信、卫生和教育等基础设施发达，而农村的基础设施落后，城市的人均消费水平远远高于农村，相对于城市，农村人口众多；等等。这种状态既是发展中国家的经济结构存在的突出矛盾，也是这些国家相对贫困和落后的重要原因。发展中国家的现代化进程，可以说在很大程度上是要打破城乡二元经济结构（见图3-2），实现城乡二元经济结构向现代经济结构的转换。

图3-2 打破城乡二元经济结构

构建城乡融合发展格局

城乡发展一体化，首先要推进产业布局一体化，创新农业经营体制，提升农业对城乡发展一体化的支撑能力，促进城乡各个产业互动发展，实现农业现代化和新型工业化、信息化、城镇化同步发展。推进城乡发展一体化，不是以城市为中心，单纯地推进新型城镇化、把农民变市民，也不是以乡村为中心，单一地建设社会主义新农村、把农村变城市，而是要坚持城乡并重，把工业与农业、城市与乡村、城镇居民与农村居民作为一个有机整体统筹推进，促进城乡在发展理念、规划布局、要素配置、产业发展、公共服务、生态保护等方面相互融合、共同发展，在城市能品味到乡村的生活品质，在乡村能享受到城市的现代文明。

在强调整体推进的同时，还要突出差异性和互补性。城与乡作为两种不同经济社会空间形态，具有不同的自然属性、人口分布、社会功能。推动城乡协调发展，既要"求同"，突出一体化，也要"存异"，避免等同化，不能按建设城市的办法来改造农村、用城市的生活模式去占领农村。要防止农业和工业这两个不同的产业形态同质化、农村和城市两个不同的景观趋同化，尤其是新农村建设更应保持地域特色、保留民俗风貌。

城市与乡村拥有诸多方面的互补性和共生性，农村的发展离不开城市的辐射和带动，城市的发展也离不开农村的促进和支持。推进城乡协调发展，应当把城市和农村紧密联系起来，坚持城市与农村错位发展，促进城乡之间各种要素的双向流动。在吸纳更多农村人口进城落户定居的同时，让留在农村的人口安居乐业，并吸引更多城市人口到农村休闲居住，增强农村活力，做到"进城"和"下乡"各得其所，形成优势互补、相互依存的城乡一体化生产生活格局。

（三）推行"三位一体"扶贫模式

"三位一体"扶贫包括专项扶贫、行业扶贫、社会扶贫。

专项扶贫是指国家安排专门扶贫投入，由各级扶贫部门负责组织实施开发式扶贫项目和相关扶持措施，直接帮助贫困地区（尤其是贫困乡、贫困村）、贫困人口改善条件、发展产业、增加收入、提高能力等。产业扶贫是脱贫致富的根本出路、长远之计，是实现贫困户"脱得了、不返贫"的必由之路。但发展产业，广大贫困户存在缺资金、缺技术和怕担风险、自身动力不足等问题。应积极倡导民营企业参与扶贫，采取企业与县、乡、村直接对接方式，推广"万企帮万村"结对经验，在遵循市场经济规律的前提下，向贫困地区输送资金和技术，吸纳就业，捐赠助贫。行业扶贫是指行业部门按照国家法定的部门职能分工，运用各行业部门所能配置的公共资源，把改善贫困地区、贫困人口的生存与发展环境条件，推进基本公共服务均等化作为重要任务，在政策、资金和项目等方面向贫困地区、贫困人口倾斜。社会扶贫是指动员社会各界力量，利用社会各类资源，帮助贫困地区、贫困人口改善生存与发展环境条件，发展社会公益事业。搭建各类社会扶贫平台，优化社会扶贫资源配置，完善社会扶贫平台，完善社会扶贫激励体系。动员全社会力量参与扶贫，建立和完善社会扶贫激励体系，让参与社会扶贫的各类主体政治上有荣誉、事业上有发展、社会上受尊重。营造社会扶贫浓厚氛围。大力弘扬中华民族优秀传统文化，传承和弘扬崇德向善、乐善好施的美德。加强国家扶贫日宣传，注重抓典型，形成示范引领效应。创新宣传方式，正确引导社会舆论，在全社会形成"人人皆能为、人人皆愿为、人人皆可为"的良好扶贫氛围。

当前，专项扶贫、行业扶贫、社会扶贫"三位一体"的大扶贫格局已初步形成，但还面临一些亟待解决的问题，比如，有些人把扶贫当作政府的事情，看成党员、干部的工作，对扶贫工作不积极、不关心。打赢脱贫攻坚战，仅靠政府是不够的，必须高度重视社会扶贫在大扶贫格局中的重要作用，进一步动员社会各方面力量参与扶贫开发，充分释放社会扶贫潜力，培育多元社会扶贫主体。这是改变当前扶贫工作中存在的政府热、社会弱、市场冷局面的有效举措。

（四）做实"四个切实"扶贫要求

党的十八大提出"两个百年目标"，其中第一个百年目标就是要在中国共产党成立一百周年时，实现全面建成小康社会的宏伟目标。2015年6月18日，习近平总书记在贵阳召开的部分省区市党委主要负责同志座谈会上强调指出："十三五"时期是我们确定的全面建成小康社会的时间节点，全面建成小康社会最艰巨最繁重的任务在农村，特别是在贫困地区。各级党委和政府要把握时间节点，努力补齐短板，科学谋划好"十三五"时期扶贫开发工作，确保贫困人口到 2020 年如期脱贫。同时，明确提出"切实落实领导责任、切实做到精准扶贫、切实强化社会合力、切实加强基层组织"的具体要求。2015 年 11 月，党中央、国务院做出关于打赢脱贫攻坚战的决定，并召开中央扶贫开发工作会议进行动员和部署，吹响了攻坚拔寨的集结号及冲锋号，脱贫攻坚正式进入冲刺肉搏阶段。能否打赢、如何打赢脱贫攻坚战一时间成为全社会乃至海内外高度关注的热点与焦点。

切实落实领导责任，才能确保扶贫规划落到实处。实践证明，只有各级领导真正把扶贫工作记在心上、扛在肩上，扶贫规划才能持之以恒地得到落实。因此，各级党委和政府，应切实强化扶贫开发领导责任制，坚持上下同心同力同向，把中央统筹、省负总责、市（地）县抓落实的管理体制，片为重点、工作到村、扶贫到户的工作机制等真正落到实处。切实做到目标任务明确、完成时限明确、帮扶措施明确。特别是要严格落实党政一把手负总责的扶贫工作责任制，履行好扶贫第一责任人的职责，通过"硬"指标，形成"硬"约束，确保扶贫规划顺利实施。切实落实领导责任，关键词是"领导责任"。初衷是从根本上彻底解决好对待攻坚"当不当真"的问题。要领是高度重视并坚决压实领导责任。实践证明，无论难易、大小，任何事情的成败、事业的兴衰，概莫能外，一律取决于当事人的态度和责任。具体就一个地方的脱贫攻坚工作而言，推不推得动、搞不搞得好，主要取决于当地主要领导重不重视、当不当真。诚然，脱贫的确是一个具有历史沉重感的棘手难题，但是，只要上面下了"死命令"，领导下了"死决心"，并非解不开的"死疙瘩"。这就是"老大难、老大难，老大重视就不难"的道理，同时也是习近平总书记提出"五级书记一起抓，全党动员促攻坚"的原因。层层签责任书、立军令状，加强考核、督查与问责是压实领导责任的有效举措。尤其是为进一步强化领导责任，对脱贫攻坚任务较重的片区重点县及所属乡（镇）党、政主要领导保持相对稳定做出新部署这一招，的确牵住了这项工作的"牛鼻子"，抓住了部分领导的"命根子"，使他们不得不"破釜沉舟""背水一战"，重新再做"置于死地而后生"的考虑和打算。

切实做到精准扶贫，才能确保扶贫工作事半功倍。新时期扶贫工作贵在精准，重在精准，成败之举在于精准。只有打好组合拳，才能打好攻坚战。因此，各级党委和政府抓扶贫应摸清底数、找准"穷根"、明确靶向，因地制宜、对症下药、精准施策。只有这样，才能使扶贫工作彻底解决大水漫灌、走马观花、大而化之等问题，实现贫困人口精准脱贫。切实做到精准扶贫，关键词是"精准"。初衷是从根本上彻底解决好攻坚方法"得不得当"的问题。要领是高度重视并扎实推动精准扶贫。习近平总书记于2015年6月在贵阳座谈会上强调指出：扶贫开发贵在精准，重在精准，成败之举在于精准。各地都要在扶持（贫）对象精准、项目安排精准、资金使用精准、措施到户精准、因村派人（第一书记）精准、脱贫成效精准上想办法、出实招、见真效。在2015年11月召开的中央扶贫开发工作会议上，习近平总书记进一步提出了"扶持谁""谁来扶""怎么扶""如何退"等四个实质性问题，以及"发展生产脱贫一批、易地搬迁脱贫一批、生态补偿脱贫一批、发展教育脱贫一批、社会保障兜底一批"等"五个一批"脱贫路径。无论是意义，还是方法，习近平总书记都阐述得非常深刻而具体，一定要举一反三，联系实际抓好落实。

切实强化社会合力，才能确保扶贫工作整体推进。扶贫开发是全党全社会的共同责任，必须充分调动一切积极因素，着力构建专项扶贫、行业扶贫、社会扶贫等多方力量有机结合和互为支撑的大扶贫格局。因此，要理顺管理体制，科学划分各级各部门事权，明确部门职责分工，整合各类扶贫资源，提高资金使用效率。特别是要吸引社会资金参与扶贫开发，真正形成全社会扶贫"大合唱"的局面。切实强化社会合力，关键词是"社会合力"。初衷是从根本上彻底解决好推动攻坚"齐不齐心"的问题。要领是高度重视并不断强化社会合力。俗话说，"人心齐，泰山移""众人拾柴火焰高"，面对脱贫攻坚这一举世公认的棘手难题更应当如此。坚持党的领导，发挥社会主义制度可以集中力量办大事的优势，这是我们的最大政治优势。习近平总书记在贵阳座谈会上强调指出：扶贫开发是全党全社会的共同责任，要动员和凝聚全社会力量广泛参与。坚持专项扶贫、行业扶贫、社会扶贫等多方力量、多种举措有机结合和互为支撑的"三位一体"大扶贫格局，健全东西部协作、党政机关定点扶贫机制，广泛调动社会各界参与扶贫开发积极性。要加大中央和省级财政扶贫投入，坚持政府投入在扶贫开发中的主体和主导作用，增加金融资金对扶贫开发的投放，吸引社会资金参与扶贫开发。要积极开辟扶贫开发新的资金渠道，多渠道增加扶贫开发资金。这为我们广泛动员、凝心聚力，不断强化社会合力提供了基本依据和有力武器。

切实加强基层组织，才能使扶贫工作稳步发展。做好扶贫开发工作，基层是基础。因此，要抓好以村党组织为核心的村级组织配套建设，落实好向贫困村党组织选派第一书记工作，实施好向贫困地区选派扶贫工作队举措，把我们党的基层组织优势变成扶贫优势、组织活力化为攻坚动力。特别是要不断巩固党的群众路线教育实践活动成果，持续深入转变工作作风，把服务群众特别是困难群众的工作做实做细。只有这样，才能使基层组织建设更受群众欢迎、更能在扶贫开发工作中发挥核心作用。切实加强基层组织，关键词是"基层组织"，初衷是要从根本上彻底解决好基层组织在攻坚过程中"给不给力"的问题。要领是高度重视并日益加强基层组织。我们经常讲"火车跑得快全靠车头带""帮钱帮物，不如帮助建个好支部"。习近平总书记也强调：做好扶贫开发工作，基层是基础。要把扶贫开发同基层组织建设有机结合起来，抓好以村党组织为核心的村级组织配套建设，鼓励和选派思想好、作风正、能力强，愿意为群众服务的优秀年轻干部、退伍军人、高校毕业生到贫困村工作，真正把基层党组织建设成带领群众脱贫致富的坚强战斗堡垒。选派扶贫工作队是加强基层扶贫工作的有效组织措施，要做到每个贫困村都有驻村工作队、每个贫困户都有帮扶责任人。工作队和驻村干部要一心扑在扶贫开发工作上，有效发挥作用。抓好党建促脱贫攻坚，是贫困地区脱贫致富的重要经验。要千方百计不断强化基层干部的机遇意识、自强意识和创新意识，着力增强基层组织的凝聚力、战斗力和创造力，充分发挥群众的主体作用、干部的带头作用和"班长"的引领作用，有效激发脱贫攻坚内生动力，引导扶贫对象主要依靠自身努力脱贫致富。图 3 - 3 为湖南省龙山县里耶镇岩冲村驻村扶贫干部访谈贫困户，聚焦困难、商议办法。

图 3 - 3　湖南省里耶镇岩冲村驻村扶贫干部访谈贫困户

"四个切实"的战术要领

"四个切实"是在聚焦如期全面建成小康社会这个既定目标，着眼于我国未来 5 年乃至更长远的发展，深刻把握世界经济发展新趋向新态势，深刻把握我国经济发展新特点新要求，深刻把握我国经济社会发展新目标新任务，深刻把握我们面临的新挑战新机遇背景下与基础上提出来的，充分体现了深谋远虑、深思熟虑的思想智慧和决策艺术。"四个切实"的出发点和落脚点是为了打破"年年扶贫年年贫"僵局，尽快补齐扶贫短板，确保如期实现全面建成小康社会宏伟目标。"四个切实"是精准扶贫精准脱贫基本方略的核心内容，是"大扶贫"和"组合拳"的现实载体，是"五大发展理念"在扶贫开发方面的具体实践和生动体现。我们务必深刻领会、准确把握并贯彻落实。

脱贫攻坚是一项复杂的系统工程，涉及方方面面，涵盖各行各业，必须逐一消除各种致贫及制约发展因素，不可能一招制胜、一蹴而就。因此，只有倡导"大扶贫"，打好"组合拳"，广泛动员各类社会资源，凝心聚力，多措并举，综合施策，标本兼治，才能彻底拔掉穷根、消灭贫困。"四个切实"是在扶贫开发进入啃硬骨头、攻坚拔寨的冲刺期，形势逼人、形势不等人的特定历史背景下提出来的。它触及"麻木不仁"的神经，突破"头痛医头"的局囿，改变"各自为政"的陋习，全面系统地解决了扶贫开发工作中长期面临的组织领导不力、方法路径不当、凝心聚力不易、内生动力不足等一系列"老大难"问题，极大地丰富和发展了中国特色社会主义反贫困理论，是中华民族反贫困智慧的结晶，是新中国反贫困实践经验的总结，是对人类反贫困事业的重大贡献。它既突出了前瞻性和引领性，也体现了系统性和科学性；既是一个完整的理论体系，也是一套完善的工作模块；既是行动纲领，也是工作指南，具有很强的针对性、指导性和可行性，对有力有序有效推动脱贫攻坚工作，确保打赢脱贫攻坚战具有十分重大的战略意义。

（五）紧扣"五个一批"脱贫措施

"五个一批"脱贫措施包括发展生产脱贫一批、易地搬迁脱贫一批、生态补偿脱贫一批、发展教育脱贫一批、社会保障兜底一批（见图3-4）。

图 3-4　"五个一批"脱贫措施

通过发展生产脱贫一批，对有一定发展条件和劳动能力的贫困家庭，因地制宜发展特色种养业或乡村旅游业，增强"造血"功能，确保实现脱贫。通过易地搬迁脱贫一批，对生活在"一方水土养不活一方人"地区的贫困人口做好搬迁规划，搬迁到水、电、路、通信、学校、幼儿园、医院等基础设施较好的地方，确保实现脱贫。通过生态补偿脱贫一批，积极争取国家生态补偿政策，对移民迁出区留守家庭的劳动力优先转成护林员等生态保护人员，使他们有稳定的收入，能够安心生态恢复工作，家庭其他人口发展林下经济，确保实现脱贫。通过发展教育脱贫一批，全面落实国家助学政策，对建档立卡贫困户家庭中的学龄前儿童、小学生、初中生、高中生和中高职业教育贫困学生每年进行资助，对当年考上全日制普通高校本科以上的贫困学生给予一次性资助，确保实现脱贫。通过社会保障兜底一批，对建档立卡贫困户家庭中因病致贫的，符合大病医疗救助条件的给予大病医疗救助，对获得医疗救助后基本生活仍有困难的给予临时生活困难补助，确保实现脱贫。只有实施好"五个一批"脱贫措施，才能够确保所有贫困人口实现脱贫。

如何确定"五个一批"

确定"五个一批"的对象，体现的还是"精准"二字，要按照实际情况对号入座，坚决反对按统一的比例，算数字，制定工作方案。

"发展生产脱贫一批"贫困人口的确定。这部分人口的确定，要以户确定，不能以人确定。从贫困人口的总量和致贫原因来看，人口最多的应该就是"发展生产脱贫一批"。这部分人口，是不需要进行移民搬迁的，通过扶持，开发当地资源，形成致富产业，增加贫困人口收入，实现脱贫。究竟把哪些贫困村确定到"发展生产脱贫一批"里面？只要是靠近交通主干线路、靠近水源、当地土地面积广阔、有一定产业基础的，都应当确定为"发展生产脱贫一批"，不宜再进行移民搬迁。

"易地搬迁脱贫一批"贫困人口的确定。这部分人口的确定，要以户确定，不能以人确定。这些人口就是生活在"一方水土养不活一方人"地区的贫困人口，这些地区就是山大沟深，修通道路、建设引水工程投资相当大，可耕种的土地面积非常小，没有一点发展希望的地区。这一类地区的人口应该全部实施移民搬迁，一户都不能留下来。确定为移民搬迁的村庄，不宜只搬迁建档立卡贫困户，要全部搬迁。如果只搬迁建档立卡贫困户，不但不能从根本上解决贫困问题，而且还会引发很多社会矛盾，移民搬迁工作就不能顺利推进，给乡村干部带来很多的难题。但从移民搬迁的实践经验来看，不实行整村搬迁，等于没有搬迁，只要有人存在，学校就不能撤，供电线路就需要维护，人为破坏生态环境的行为就不能被遏制，社会管理就必须跟上。

"生态补偿脱贫一批"贫困人口的确定。这部分人口的确定，要以户确定，不能以单个人确定。应该是生态移民迁出区和靠近林区的贫困人口劳动力，将他们直接转为护林员，使他们有稳定的收入。

"发展教育脱贫一批"贫困人口的确定。这部分人口的确定，要以人确定，不能以户确定，就是按照在校学生的实际情况来确定，中小学属义务教育，不用考虑，主要应确定中职、高职和大学生人数。

"社会保障兜底一批"贫困人口的确定。这部分人口的确定，要以人确定，不能以户确定。一是子女家庭贫困的"双老"贫困户；二是家庭中痴呆傻人口较多的贫困户；三是家庭主要劳动力重度残疾的贫困户；四是家庭成员中患重大慢性病的贫困户。

龙山县产业发展帮扶政策

（1）2016 年脱贫的贫困人口享受的扶持资金按现行扶贫政策每人不超过 1300 元。

（2）2014 年、2015 年脱贫的贫困人口仍然适当享受后续扶持政策。（扶持标准按要求执行）

（3）预脱贫贫困户将享受产业发展帮扶政策。（扶持标准按要求执行）

（4）外出务工贫困户原则上享受转移就业政策扶持，具备在家发展生产条件的可享受发展生产扶持政策，扶持资金要扣除转移就业补贴。（以正式文件标准执行）

（5）产业扶持。种植柑橘、时鲜水果、蔬菜、油菜、粮食、烤烟、百合、中药材和花卉苗木、畜牧水产按照要求可以享受扶持资金（各种产业扶持资金叠加原则上每人不得超过 1300 元）。多种经营，以贫困户家庭为基本单位，结合自身实际，选择适合自身生产、经营的种养加工项目发展多种经营，扶持资金不超过 1300 元/人。

（6）加大农机扶持力度。贫困户购买微耕机的除国家补贴外每台另补贴 1000 元。

（7）对在产业发展过程中，贫困户享受扶持政策后仍有资金需求的，按相关规定申请金融贴息贷款扶持。

总的原则是：建档立卡贫困户发展产业，所有享受的扶持资金叠加后每人不得超过1300元。

龙山县易地扶贫搬迁帮扶政策

（1）统规统建多层式住宅小区安置房建设及补助标准：建档立卡搬迁户选择统规统建多层式住宅小区安置房安置的，安置房建设面积不超过25平方米，建设所需的宅基地、人均25平方米的房屋建设和基础设施由政府统筹建设。

（2）一户一宅安置区建设及补助标准：建档立卡搬迁户选择统规统建一户一宅安置房建设的，安置区位于乡镇政府所在地行政村的，宅基地面积控制在100～130平方米；安置区位于乡镇政府所在地行政村以外的，宅基地面积不超过130平方米，安置房建设面积人均不超过25平方米。从事农业生产户均可以增加不超过25平方米的农用房，增加的农用房建设资金由搬迁户自筹。

（3）分散自建的建档立卡户，宅基地面积不超过130平方米，安置房建设面积人均不超过25平方米，从事农业生产户均可以增加不超过25平方米的农用房，安置房建设由政府按照人均2.5万元（每平方米1000元）的标准予以补助，增加的农用房建设资金由搬迁户自筹。

（4）购买商品房或农村空置房安置及补助标准：建档立卡户选择购买商品房安置的，所购房必须两证齐全，购房的地点由搬迁户自行选择，人均购房面积不超过25平方米，县城购房按人均4万元补助。乡镇购房按人均3万元补助。选择购买农村空置房安置的，人均按不超过2.5万元标准补助，购房面积不得超过人均25平方米标准，空置房价值需经过房产部门进行评估，其购房补助资金不能超过评估总价。

（5）同步搬迁安置房建设及补助标准：同步搬迁户可以根据自身经济条件和需要，自行选择宅基地建房或购买商品房，由政府按照人均

1.2万元予以补助建（购）房资金。进入统规统建一户一宅安置区的，宅基地按实际成本价自行承担（成本价包括土地报批和征地拆迁费），享受小区公共服务配套，其住房建设规模可以根据自身经济实力和需要，在符合安置区统一建设规划（建筑风格和楼层控制）的前提下，自行确定。分散自建的宅基地由同步搬迁户自行解决，政府每户补助1万元宅基地整理资金，建设图纸必须在政府统一提供的规划设计方案中选择。

龙山县医疗救助帮扶政策

（1）贫困人口在乡镇卫生院医疗合规费用起付线以外实行100%报销。

（2）利用大病保险基金为所有农村贫困人口购买大病保险。贫困人口大病保险实行起付线减半的特殊优惠政策，逐步提高报销比例。

（3）对贫困家庭新生儿开展两种以上遗传代谢病和新生儿听力免费筛查。

龙山县社会保障帮扶政策

（1）农村特困供养人员分散供养标准不低于3200元/年。

（2）孤儿生活保障标准分散供养每月不低于600元、集中供养不低于每月1000元。

（3）对困难残疾人实施每人每月100元生活补贴，对重度残疾人实施每人每月100元护理补贴。

龙山县教育发展帮扶政策

（1）对建档立卡贫困家庭子女实行学前至高中阶段15年免费教育，按每人每年1500元标准免除学前教育保教费；按省级示范高中和省级特色实验高中每人每年2000元、一般普通高中每人每年1600元标准免除高中学杂费。

（2）对建档立卡贫困家庭和城乡低保户子女按学前、小学、中学、中职学段学生每年分别给予1000元、1500元、2000元、2500元生活补贴。

（3）对建档立卡贫困家庭和城乡低保困难户的全日制大学新生发放不低于本科5000元、专科3000元的一次性资助，给提出申请的经济困难家庭大学生办理最高8000元生源地助学贷款。

生态补偿脱贫主要的扶持政策

（1）每年从建档立卡贫困户中选聘一定数量的护林员，年工资1万元。

（2）生态公益林补贴方面。对生态公益林，按14.5元/亩的标准补助给贫困户。如遇国家政策调整，按新标准执行。

（3）退耕还林扶持政策方面。第一轮退耕还林的按每亩125元的标准进行扶持。贫困户自愿参与且符合新一轮退耕还林政策的，可优先纳入退耕还林项目范畴，按每亩1500元的标准进行扶持，分三次发放，第一年兑现补助800元/亩（含300元种苗费），第三年兑现补助300元/亩，第五年兑现补助400元/亩。

转移就业脱贫主要的扶持政策

（1）鼓励和支持建档立卡贫困劳动力通过外出务工实现脱贫，除给予职业培训补贴、职业技能鉴定补贴、社会保险补贴、创业扶持补贴、创业担保贷款贴息外，对2016年预脱贫的外出务工贫困劳动力每人给予1300元的交通和稳定就业岗位补贴。

（2）对2014年、2015年已脱贫的和2017年脱贫的外出务工贫困劳动力每人给予600元的交通补贴。

（六）把握"六个精准"扶贫要领

推进精准扶贫，加大帮扶力度，是缓解贫困、实现共同富裕的内在要求，也是实现全面小康和现代化建设的一场攻坚战。如何做到精准扶贫？图3-5为湖南省里耶镇岩冲村驻村干部与村支两委商议产业扶贫路径。

图3-5　湖南省里耶镇岩冲村驻村干部与村支两委商议产业扶贫路径

1. 扶持（贫）对象精准

扶持（贫）对象精准是精准扶贫的前提。通过有效、合规的程序，把贫困户识别出来。总的原则是"县为单位、规模控制、分级负责、精准识别、动态管理"，开展到村到户的贫困状况调查和建档立卡工作，包括群众评议、入户调查、公示公告、抽查检验、信息录入等内容。过去，全国曾开展农村最低生活保障制度和扶贫开发政策"两项制度"有效衔接试点，实践表明，这样识别扶贫对象虽然有一定效果，但是程序烦琐、操作性不是很强。四川省宜宾市等一些地方探索的"比选"确定扶贫对象的扶贫"首扶制度"，就是一个精确识别的好办法。其具体做法是：根据国家公布的扶贫标准，村民先填申请表，首先由村民小组召开户主会进行比选，再由村"两委"召开村、组干部和村民代表会议进行比选，并张榜公示；根据公示意见，再次召开村、社两级干部和村民代表会议进行比选，并再次公示；如无异议，根据村内贫困农户指标数量，把收入低但有劳动能力的确定为贫困农户。总之，不论采取何种方式识别，都要充分发扬基层民主，发动群众参与，透明程序，把识别权交给基层群众，让同村老百姓按他们自己的"标准"识别谁是穷人，以保证贫困户认定的透明公开、相对公平。

贫困户识别出来以后，针对扶贫对象的贫困情况确定责任人和帮扶措施，确保帮扶效果。就精确到户到人来说，重点为：一是坚持方针。精准帮扶要从"人""钱"两个方面细化方式，确保帮扶措施和效果落实到户到人。二是到村到户。要做到"六个到村到户"：基础设施到村到户、产业扶持到村到户、教育培训到村到户、农村危房改造到村到户、扶贫生态移民到村到户、结对帮扶到村到户，确保真正把资源优势挖掘出来，把扶贫政策含量释放出来。三是因户施策。通过进村入户，分析掌握致贫原因，逐户落实帮扶责任人、帮扶项目和帮扶资金。按照缺啥补啥的原则宜农则农、宜工则工、宜商则商、宜旅则旅，实施水、电、路、气、房和环境改善"六到农家"工程，切实改善群众生产生活条件，帮助发展生产，增加收入。四是资金到户。在产业发展上，可以推行专项财政资金变农户股金的模式，也可以通过现金、实物、股份合作等方式直补到户；在住房建设上，可以推行廉租房的做法；技能培训、创业培训等补助资金可以直补到人；对读中职、高职学生的生活补贴，特困家庭子女上大学的资助费用，可通过"一卡通"等方式直补到受助家庭；异地扶贫搬迁、乡村旅游发展等项目补助资金可以直接向扶贫对象发放。五是干部帮扶。干部帮扶应采取群众"点菜"、政府"下厨"方式，从国家扶贫政策和村情、户情出发，帮助贫困户理清发展思路，制定符合发展实际的扶贫规划，明确工作重点和具体措施，并落实严格的责任制，做到不脱贫不脱钩。

湖南省龙山县通过系列"回头看"确保扶持（贫）对象精准

（1）对属于"六个一律剔除"对象的建档立卡贫困户应剔尽剔

直系亲属中有国家公职人员（含退休人员）的；有小轿车、皮卡车、农用车及其他4轮以上客、货运车辆，工程车辆和客、货运船舶的；在户籍地以外的城镇拥有房产（含商业门面及小产权房）的；建有三层以上（含三层）楼房的；属于工商企业法人或合股、合资办工商企业的，或有固定场所经营的个体工商户；是村（社区）四大主干及直系亲属的（有纳入新农合规定的重大疾病、重大灾害的除外）。

（2）对属于"建档立卡贫困户动态管理"对象的应改尽改

对建档立卡贫困户家庭成员因自然出生、嫁入、刑满释放等应全部纳入扶贫开发信息系统。对建档立卡贫困户家庭成员死亡的、嫁出的、出国定居的、现役军人为士官的、判刑收监的等应剔除扶贫开发信息系统。对未整户纳入建档立卡贫困户的对象，以户籍信息为基础，结合家庭居住实际，属于需整户补足的贫困人口应全部纳入扶贫开发信息系统。

（3）对达到建档立卡贫困户标准未认定为贫困户的应纳尽纳

新识别贫困人口必须是未达到"一超过、两不愁、三保障"标准的贫困农户（对民政部门认定的低保兜底户按照贫困户识别程序纳入扶贫开发信息系统）。

（4）"回头看"的工作程序

①召开村民小组会议宣传发动。对"应剔尽剔""应改尽改""应纳尽纳"的内容和标准进行广泛的宣传，学习好政策，掌握好标准。②开展走访和入户调查进行初筛。对所有的农户（含非贫困户）进行

走访，切实摸清"应剔尽剔""应改尽改""应纳尽纳"对象的情况，并结合"六个一律剔除"、"贫困户动态管理"、《贫困户识别评估表》对所有贫困户进行初筛。③乡镇组织评估。乡镇组织扶贫工作队、村支两委成员依据"六个一律剔除"和"五评法"对初筛对象进行评估。④召开村民代表大会进行票决。对经过走访的、初筛的"应剔尽剔""应改尽改""应纳尽纳"对象进行票决。对村民代表大会票决情况及时公示，公示期7天，公示内容为拟整户剔除对象名单及原因、新识别对象名单及原因、家庭成员自然增减人员名单及原因。⑤完善信息资料。对所有建档立卡贫困户进行信息采集，填好《贫困户信息采集表》，上报《××乡镇（街道）建档立卡贫困户花名册》。

（5）工作方法及原则

依据"六个一律剔除"和"五评法"对初筛对象进行评估。属于"六个一律剔除"对象的视情况剔除，坚持整户剔除。属于"六个一律剔除"应剔对象的必须整户剔除（60岁以上纯老年户单独纳入建档立卡贫困户的，根据子女情况进行剔除）；严把识别标准。对于未达到"一超过、两不愁、三保障"的对象必须整户纳入；对于走访过程中确实存在特别贫困的农户而无法通过票决纳入的，乡镇（街道）党委、政府要召开专题会议研究纳入并进行公示。

习近平总书记关于精准扶贫的座谈指示

党的十八大以来，习近平总书记最关注的工作之一就是贫困人口脱贫。总书记在6场座谈会上分别就革命老区脱贫致富、集中连片特困地区扶贫攻坚、东西部扶贫协作、深度贫困地区脱贫攻坚、打好精准脱贫攻坚战、解决"两不愁三保障"突出问题等发表重要讲话。

第一次是2015年2月13日，在陕西延安主持召开陕甘宁革命老区脱贫致富座谈会。习近平讲到，全面建成小康社会，没有老区的全面小康，没有老区贫困人口脱贫致富，那是不完整的。各级党委和政府要增强使命感和责任感，把老区发展和老区人民生活改善时刻放在心上，加大投入支持力度，加快老区发展步伐，让老区人民都过上幸福美满的日子，确保老区人民同全国人民一道进入全面小康社会。

第二次是 2015 年 6 月 18 日，在贵州贵阳主持召开涉及武陵山、乌蒙山、滇桂黔集中连片特困地区扶贫攻坚座谈会。习近平提出，"十三五"的最后一年是 2020 年，正好是我们确定的全面建成小康社会的时间节点，全面建成小康社会最艰巨最繁重的任务在农村，特别是在贫困地区。扶贫开发工作进入啃硬骨头、攻坚拔寨的冲刺期，要把握时间节点，努力补齐短板，科学谋划好"十三五"时期扶贫开发工作，确保贫困人口到 2020 年如期脱贫，要在"五个一批""六个精准"上下功夫。

第三次是 2016 年 7 月 20 日，在宁夏银川主持召开东西部扶贫协作座谈会。习近平讲到，东西部扶贫协作和对口支援，是实现先富帮后富、最终实现共同富裕目标的大举措，充分彰显了中国共产党领导和我国社会主义制度的政治优势，必须长期坚持下去。西部地区特别是民族地区、边疆地区、革命老区、集中连片特困地区贫困程度深、扶贫成本高、脱贫难度大，是脱贫攻坚的短板。必须采取系统的政策和措施，做好东西部扶贫协作和对口支援工作，全面打赢脱贫攻坚战。

第四次是 2017 年 6 月 23 日，习近平强调，打赢脱贫攻坚战绝非朝夕之功，不是轻轻松松冲一冲就能解决的。党中央没有硬性要求地方提前完成脱贫任务，更何况贫困问题错综复杂的深度贫困地区。脱贫计划不能脱离实际随意提前，扶贫标准不能随意降低，决不能搞数字脱贫、虚假脱贫。

第五次是 2018 年 2 月 12 日，在四川成都主持召开打好精准脱贫攻坚战座谈会。习近平强调，到 2020 年现行标准下农村贫困人口全部脱贫，消除绝对贫困；确保贫困县全部摘帽，解决区域性整体贫困。稳定实现贫困人口"两不愁、三保障",贫困地区基本公共服务领域主要指标接近全国平均水平。既不能降低标准、影响质量,也不要调高标准、吊高胃口。

第六次是2019年4月16日,习近平在重庆主持召开解决"两不愁三保障"突出问题座谈会,他强调,精准扶贫"不获全胜决不收兵""既要看数量,更要看质量""摘帽不摘责任、摘帽不摘政策、摘帽不摘帮扶、摘帽不摘监管"。

这几次座谈会,对统一认识、部署行动、交流情况、推动工作,都发挥了重要作用。座谈会上提出的思路和举措,都得到了积极落实,收到明显成效。

如何做好"一比对"工作?

以市县为单位组织开展数据比对工作,对家庭拥有城镇住房、商铺、享受型小轿车、大型农机具、经商办企业、财政供养人员等情形的开展比对工作,确保贫困人口数据信息准确、经得起检验。比对工作应在市县扶贫办收到乡镇人民政府上报经公示无异议的贫困户名单后,统一提交至相关行业部门进行。其中,住建部门负责比对城镇住房、商铺;公安部门负责比对享受型小轿车;农业部门负责比对大型农机具;工商部门负责比对经商办企业;财政部门负责比对财政供养人员;金融机构负责比对银行存款。相关行业部门收到比对名单后,要在5个工作日内完成数据比对工作,并将比对结果反馈至市县扶贫办。市县扶贫办加强比对结果运用,比对后不能搞"一刀切",对符合条件的进行公告后纳入;对不符合条件的应将比对结果通过乡镇交行政村再次进行民主评议。对于比对时发现虽然有排除的情形,但经查证后存在特殊情况,如存在借用身份证给他人等情形,确实符合贫困户识别标准的,由乡镇对情况进行说明后,再次上报市县扶贫办进行识别公告;对不符合贫困户识别标准的，由乡镇进行公示不予纳入。

对贫困户识别的公示公告有什么要求？

贫困户识别过程中的公示公告应在各行政村、自然村、村民小组等村民活动较为集中的地方进行。公示、公告必须采用能够留存的纸质形式进行张贴，并留存档案。用黑板板书等不宜留存的形式进行公示公告则不予认可。

对无户口或户口没有迁入的家庭成员怎么认定？

家庭成员应登记家庭常住人口。常住人口是指实际居住在家半年以上（含半年），而且经济和生活与本户连成一体的人口；外出从业人员在外居住时间虽然在6个月以上，但收入主要带回家中，经济与本户连为一体，仍视为家庭常住人口。无户籍人员或户口没有迁入人员应由本人向所在乡镇公安户籍管理部门申请落户或办理户口迁入手续。

单独立户老人能不能识别为贫困户？

单独立户老人能否识别为贫困户应视其有无法定赡养人而定。无法确定赡养人的，可以直接识别为贫困户。有法定赡养人的，应将其法定赡养人家庭一并纳入识别范畴，共同识别。符合贫困户标准的，可识别为贫困户，并将其作为法定赡养人家庭成员进行登记；不符合贫困户标准的，不能识别为贫困户，应当由其子女履行赡养义务。如单独立户老人有多个分家子女的，法定赡养人家庭全都纳入共同识别。如果因特殊情况造成已分户老人与法定赡养人不能进行共同识别的，由县级扶贫部门依据其家庭实际情况和民主评议结果，综合研判决定。

对"户在人不在"的贫困户应如何处理？

首先应查清人是否健在，在哪里，是否回原籍居住。对已去世的，从贫困户名单中清退；对因婚嫁在原户籍地（娘家）以外居住生活的贫困人口，如嫁入地和原户籍地（娘家）都将其识别为贫困人口，或嫁入非贫困户，原户籍地（娘家）应予以清退；贫困识别时确认为贫困户，后因外出打工长期联系不上（或联系上了不肯回来），时间长达半年以上的，应重新由村委会进行民主评议，办理退出或者进行清退。

分家未分户的贫困人口，应如何界定？

以户籍为参考，以实际一起居住生活人数为准进行具体识别。

湖南省龙山县贫困村的退出标准

贫困村退出主要按照贫困发生率和村级集体经济收入两项指标确定，统筹考虑村内基础设施、基本公共服务、产业发展等综合因素。即贫困村贫困发生率降至2%以下，当年村集体经济收入达到4万元以上（不包括转移支付收入），通村道路畅通，人畜饮水安全，生产生活用电有保障，住房安全，就学就医方便，新农合及养老、低保、五保等政策落实到位。

湖南省龙山县贫困村的退出程序

①自主申请。由贫困村和驻村工作队（组）根据年度脱贫计划和实际工作进展，共同向乡镇人民政府（街道办事处）提出申请。②监测上报。乡镇人民政府（街道办事处）对贫困村按照退出标准实施监测，按监测结果，提出贫困村退出名单，及时在乡镇（街道）公示公告栏和群众集中地公示，时间不少于7天。公示无异议后，报县扶贫开发办。③审核审批。县扶贫开发办根据县统一部署，组织相关部门，对申请退出的贫困村开展入村调查、摸底核实，提出拟退出贫困村名单，

报县人民政府审批。④备案销号。县人民政府及时将拟退出贫困村名单报省扶贫办及州扶贫办备案审查,省、州扶贫办评估核查通过后,由县人民政府批准退出并公告,县扶贫开发办在全国扶贫开发信息系统中将退出的贫困村销号。

湖南省龙山县贫困人口的退出标准

贫困人口以户为单位确定脱贫退出。总的要求是通过贫困人口自身努力,以及政府、社会各界的有效帮扶,贫困人口实现不愁吃、不愁穿;义务教育、基本医疗和住房安全有保障;家庭年人均纯收入稳定超过国家扶贫标准,家庭无因贫困辍学学生等。

湖南省龙山县贫困人口的退出程序

①民主评议。由村民小组推荐,村"两委"组织村民代表评议小组,根据农户的收入状况和"三保障"落实情况,通过民主评议方式确定拟脱贫户,由村(居)委会报乡镇人民政府(街道办事处)。②入户核实。乡镇人民政府(街道办事处)组织驻村工作队(组)、乡镇(街道)驻村干部、结对帮扶责任人和村"两委"相关人员,深入拟脱贫农户家庭,核查收入状况和"三保障"落实情况。③农户确认。在入户核实过程中,要做好政策宣传和解释工作,确保符合脱贫条件农户签字认可。在农户签字确认的基础上,确定拟脱贫户名单。④公示公告。乡镇人民政府(街道办事处)对拟脱贫户名单在乡镇(街道)和村(社区)公示公告栏、群众集中地进行公示,时间不少于7天,公示无异议后,报县人民政府审批。县组织扶贫、统计、财政等部门抽查复核,复核后将批准的脱贫户名单进行公告。⑤备案管理。县及时将批准的脱贫户名单报省、州扶贫办备案。备案后,由县扶贫开发办及时在全国扶贫开发信息系统中将脱贫的农户标识为"脱贫"。

湖南省龙山县贫困人口退出后的政策扶持

鼓励贫困户依靠自身努力和政府、社会各界帮扶提前脱贫，贫困人口退出后，在一定时期内，原有针对贫困人口的扶持政策，符合条件的，继续按相关政策执行，确保实现稳定脱贫。

建档立卡贫困户识别和退出工作的民主评议有什么具体规定？

建档立卡贫困户识别和退出工作的民主评议具体规定为：①清点到会人数，并向村民代表报告本次会议应到人数、实到人数、缺席人数和列席会议人员，确认符合法定人数后由主持人宣布开会。②村委会向村民代表会议提交民主评议人员名单。③申请人或帮扶责任人、退出贫困户户主在民主评议开始前陈述纳入或退出理由；申请人或拟退出贫困户较多时，也可由上述人员提出书面陈述材料。村委会在民主评议开始前，应对申请人、拟退出贫困户在比对、核实工作中发现的疑点问题进行说明。④村委会组织参会村民代表进行民主评议；评议时，申请人、拟退出贫困户应退场回避；村民代表对人员名单充分发表自己的意见；村委会工作人员要如实记录村民代表反映的意见或问题。⑤民主评议投票前，村委会应当提名监票人、计票人，经参加会议的村民举手表决通过。⑥在充分酝酿、讨论的基础上，村委会组织村民代表进行民主评议投票。⑦投票结束后，在村委会主持下当众开箱，由监票人、计票人公开核对、计算票数，做出记录并签名。禁止在会场外开启票箱。⑧收回票数超过参加本次民主评议人数半数并且等于或者少于发出票数的，民主评议有效；收回票数未达到本次民主评议半数或者多于发出票数的，评议无效。村委会确认评议投票无效的，应当在做出记录和当众封存选票之后，当场重新组织投票。⑨村委会确认评议有效后，当场公布评议结果。⑩民主评议要指定专人做好记录，记录要真实、客观、全面。内容包括：参加评议的人数及报到名册、主持人、记录人、评议的名单、讨论的主要意见和投票情况等。

贫困户退出的标准是什么？

贫困户退出的标准是：以户为单位，该户年人均纯收入稳定超过现行扶贫标准且吃穿不愁，义务教育、基本医疗、住房安全有保障。

贫困户退出的程序是什么？

贫困户退出的程序是：由村"两委"组织民主评议后提出，经村"两委"和驻村工作队核实、拟退出贫困户认可，在村内公示无异议后，公告退出，并在建档立卡贫困人口中销号。

----

2. 项目安排精准

精准扶贫工作大多要落实到具体的扶贫项目上，选择和安排什么样的扶贫项目，要因人因地施策、因贫困原因施策、因贫困类型施策，区别不同情况，做到对症下药、精准滴灌、靶向治疗，为此提出"五个一批"渠道，即通过发展生产脱贫一批、通过易地搬迁脱贫一批、通过生态补偿脱贫一批、通过发展教育脱贫一批、通过社会保障兜底一批，实现贫困人口精准脱贫。某个地方通过什么渠道进行扶贫，就要有针对性地选择和安排相应的扶贫项目，比如，在生态环境恶劣、资源极度匮乏的贫困地区，应当以易地搬迁安置扶贫为主；在经济发展基础较差，但具有一定发展条件的贫困地区，就应当以扶持生产和就业、教育扶贫等为主，为当地经济发展"输血"，激发群众脱贫致富的积极性和"造血"功能。

精确管理是精准扶贫的保证。一是农户信息管理。要建立起贫困户的信息网络系统，将扶贫对象的基本资料、动态情况录入系统，实施动态管理。对贫困农户实行一户一本台账、一个脱贫计划、一套帮扶措施，确保扶到最需要扶持的群众、扶到群众最需要扶持的地方。年终根据扶贫对象发展实际，对扶贫对象进行调整，使稳定脱贫的村与户及时退出，使应该扶持的扶贫对象及时纳入，从而实现扶贫对象有进有出，扶贫信息真实、可靠、管用。二是阳光操作管理。按照国家《财政专项扶贫资金管理办法》，对扶贫资金建立完善严格的管理制度，建立扶贫资金信息披露制度以及扶贫对象、扶贫项目公告公示公开制度，将筛选确立扶贫对象的全过程公开，避免暗箱操作导致的应扶未扶，保证财政专项扶贫资金在阳光下进行；筑牢扶贫资金管理使用的带电"高压线"，治理资金"跑冒滴漏"问题。同时，还应引入第三方监督，严格扶贫资金管理，确保扶贫资金用准用足，不致"张冠李戴"。三是扶贫事权管理。对扶贫工作，目前省、市、县三级分别该承担什么任务并不十分明确，管钱、分钱，监督的责任不清晰，专项扶贫资金很分散，涉及多个部门，各个部门的责任也不清晰。应确立省、市两级政府主要负责扶贫资金和项目监管，扶贫项目审批管理权限原则上下放到县，实行目标、任务、资金和权责"四到县"制度，各级都要按照自身事权推进工作，各部门也应以扶贫攻坚规划和重大扶贫项目为平台，加大资金整合力度，确保精准扶贫，集中解决突出问题。

龙山县农村安居工程的扶持政策及标准

补助对象。农村危房改造以户为单位，由农户提出申请，申请人必须同时具备下列三个条件：拥有当地农业户籍并在当地居住，且是房屋产权所有人；生活贫困（重点考虑农村建档立卡贫困户、分散供养五保户、低保户、贫困残疾人家庭、因灾倒房户、重点优抚对象、生活贫困两女结扎户、生活贫困独生子女户等贫困群体）；住房困难，目前无住房或居住在C、D级危房中。

补助标准。①属于农村危房改造对象的建档立卡贫困户，新建住房户3人及3人以下户每户补助3万元,3人以上户每人补助1万元;属于农村危房改造对象的建档立卡贫困户修缮加固住房每户补助1.5万元。②属于农村危房改造对象的非建档立卡贫困户,新建住房户每户补助2万元,修缮加固住房每户补助1万元。③属于农村危房改造对象的社会兜底户,确实无自建能力的农户可委托乡镇(街道)实施统建或委托代建,农户自行解决宅基地,乡镇(街道)按照政策规定的建房面积进行建设,财政全额补助修建资金,3人及3人以上户补助标准人均不超过2万元。④属于多种贫困类型的农村危房改造对象按照最高一种类型补助标准执行,不重复享受危房改造补助,列入易地扶贫搬迁范围的农户不享受农村危房改造补助资金。⑤列入中国传统村落名录的村落,村内危房改造对象对传统建筑进行修缮加固的另外奖励5000元;按照原来风格拆除重建的另外奖励1万元。图3-6为湖南省里耶镇岩冲村贫困户扶贫前住房。

图3-6　湖南省里耶镇岩冲村贫困户扶贫前住房

改造方式及建房标准。①改造方式。经县房管局鉴定住房属D级危房的,应拆除重建,属C级危房的,应修缮加固;重建及修缮加固房屋以农户自建为主。②建房标准。纳入农村危房改造对象的新建房屋建筑面积原则上控制在 1 人户 35 平方米左右，2 人户 45 平方米左右，3 人户 60 平方米左右，超过 3 人户人均面积不得超过 20 平方米；仍从事农业生产的农户，可适当增加用于谷物储藏、农具放置等用途的辅助用房。

---

3. 资金使用精准

扶贫资金是国家为改善贫困地区生产和生活条件，提高贫困人口生活质量和综合素质，支持贫困地区发展经济和社会事业而设立的财政专项资金。扶贫资金是贫困群众的"保命钱"，也是减贫脱贫的"助推剂"，具有风向标作用。每一笔扶贫资金，背后都关联着一批贫困家庭，钱到不到位、用没用好，关系到它们能否按期脱贫。不断加强扶贫资金管理使用，针对资金闲置原因，分类采取整改措施，不断盘活资金存量，加快项目实施、竣工、验收、报账进度，对闲置扶贫资金全部进行整改。提高扶贫资金"精准度"，用好用足扶贫资金。

让扶贫资金发挥好"兜底钱"作用，需要监督、认识到位。诚然，在脱贫攻坚如火如荼的情况下，扶贫资金"闲置"无疑是一种尴尬现象。怕担责，不知道怎么精准地用好这笔钱是一个方面，精准监督不到位是另一个方面。要从资金预算与分配，到资金使用与拨付，再到资金管理与监督，将"权、责、利"——厘清。抓好扶贫资金管理使用不规范专项治理，不断加强扶贫资金监管，规范扶贫资金使用，就能提高扶贫资金使用效益。

不可否认，扶贫资金之所以闲置，既有制度层面问题，也有一些干部不担当、不作为问题。为此，对于长期闲置的扶贫资金，该收回的收回，该问责的问责，追究相关部门和人员的责任。要严格资金使用制度，层层压实责任，激发相关部门、干部尤其是基层干部的创造力。对懒政怠政现象，及时处理，提高地方干部的思想认识，转变工作作风，引导相关部门、扶贫干部从贫困群众的利益出发，实事求是，开动脑筋，真正找到适合群众脱贫致富的好办法，把扶贫资金每一分钱都花到刀刃上。

"天下大事，必作于细。"提高扶贫资金使用"精准度"，是责任的担当。相信只要机制得当，权责统一、监督到位，把帮扶的力道用到点子上、扶到人心里，确保整合资金围绕脱贫攻坚项目精准使用，提高使用效率，定能实现扶贫资金的目标价值，让贫困地区、困难群众感受到更多改革发展的温度，享受到惠民的"红利"。

不断创新扶贫模式和资金使用方式

各地以激发贫困农户内生动力，增强贫困地区和贫困农户"造血"能力为目标，重点探索如何通过整合各种资源将贫困户纳入现代产业链中，解决贫困农户经常面临的技术、资金、管理、市场等方面的困难。主要模式是通过企业、合作社、专业大户等新型经营主体带动贫困人口，帮助他们解决市场和技术问题，提供产前、产中、产后全方位服务，贫困人口只需要参与生产环节中相对比较简单的生产活动或就业，大大降低了贫困户发展产业的风险。新型经营主体通过整合利用贫困户的土地和劳动力资源、政府的优惠政策和扶贫资金、金融部门的信贷扶贫资金和保险政策来扩大生产规模和降低经营风险，并形成有效的利益联结机制，确保贫困户的利益。

4. 措施到户精准

作为"六个精准"之一，"措施到户精准"的政策意涵在于，鉴于贫困人口致贫因素的多样性、复杂性和动态性，针对贫困人口的扶持政策和措施也应保持差别化、类型化和变动性，因村因户因人施策，即根据不同农户的致贫原因，采取不同的扶贫措施，根据农户不同的贫困程度和深度，实行不同的扶持策略。在精准扶贫、精准脱贫政策体系下，亟须进行政策调整和创新，更加重视和发掘贫困农民的主体地位，将其作为扶贫脱贫政策形成、执行、评估和反馈的关键环节和核心变量。

首先，帮扶措施应兼顾共性与个性并保持一定的政策张力。贫困户的致贫原因是多样、复杂的，帮扶措施自然也应注重综合性、系统性，兼顾惠及所有贫困户的共性措施与瞄准部分贫困户的个性措施，保持脱贫政策和帮扶措施一定程度的灵活性。在操作层面，应根据贫困发生率、贫困人口数量、分布和致贫原因等状况提升帮扶措施的精准度。对于贫困发生率较低、贫困人口零散分布、自然地理条件较好的地区，应切实实施扶贫措施到户，一村一策、一户一策制定帮扶措施。对于贫困状况严重、贫困人口集中连片分布、自然地理条件恶劣的地区，应在找准贫困户致贫的个性和共性原因基础上，集中力量实施片区脱贫，着力建立脱贫产业的支撑体系，改善阻碍区域发展的生产生活条件。

其次，提升贫困户的致贫原因和脱贫需求与帮扶措施之间的衔接程度。注重需求导向，实现贫困户需求与政策供给之间的有机衔接和良性平衡，是衡量措施到户精准度的关键指标。在措施到户实施中，能够清晰地确认贫困户的现实困难和实际需求时，帮扶措施的实施进展往往比较顺利，而且也会达成预期目标。而当帮扶措施未能积极回应贫困户的实际需求，缺乏贫困户的广泛参与和主动支持时，政策推进往往举步维艰，甚至对更大范围的政策落实产生负面的扩散效应。因此，在帮扶措施的实施中，应进一步强化基层政府和村庄组织的主体责任，切实开展深入、细致的进村入户调查研究，加大政策措施的执行力度，提升贫困户的致贫原因和脱贫需求与帮扶措施之间的衔接程度。

最后，健全贫困户的需求表达机制和公共参与机制。对于贫困户来说，能在多大程度上参与到帮扶措施的制定和实施过程中，其致贫因素和脱贫需求是否被有效吸纳到帮扶方案和措施中，是脱贫攻坚工作绩效高低的重要衡量指标。在措施到户精准实施中，应依托现有的村庄自治组织并进一步畅通村民尤其是贫困户的利益表达渠道和公共参与平台，提升贫困户的需求表达能力和公共参与能力。同时，可以考虑引导社会工作组织参与到贫困村的脱贫治理中，利用其专业优势，创新脱贫工作理念和方法，应对贫困人口的权利和能力不足等困境。

有效瞄准贫困户之难

《中共中央、国务院关于打赢脱贫攻坚战的决定》明确提出：加大贫困残疾人康复工程、特殊教育、技能培训、托养服务实施力度。国家有关部门制定出台了一系列政策文件。

从我国扶贫开发的发展历程来看，构建以贫困人口为主体、以需求为导向的政策框架，是当前和今后扶贫脱贫的基本走向和路径。而"措施到户精准"这项政策的提出，意味着我们应当从政策过程和公共治理的双重视角来看待贫困问题、探寻贫困的应对之道并构建贫困的解释路径，也应了解贫困治理的复杂性、艰巨性、变动性和持久性。

在政策执行的视角下，扶贫政策、措施、资金、项目等如何有效、及时地到达贫困人口，建立畅通、高效的扶贫受益机制，是衡量扶贫成效高低的核心标尺之一。在精准扶贫的政策框架下，扶贫政策、措施、资金、项目等精准瞄准并受惠于贫困群体，将成为脱贫攻坚最核心的政策目标。在扶贫资源配置过程中，除了扶贫资金被挤占挪用等违法违规现象外，最主要的难题是扶贫政策落地问题，即扶贫资源如何有效瞄准贫困户。

应注重措施到户的精准度

贫困人口致贫原因各不相同，不能"眉毛胡子一把抓"，要"一把钥匙开一把锁"。对不同原因、不同类型的贫困，要采取不同的脱贫措施，对症下药、精准滴灌、靶向治疗。

立足乡镇基本条件和产业基础，紧盯重点片区、重点村组和重点群体，尽快编制贫困村和贫困人口分布表、农民人均纯收入目标表、减少贫困人口任务表，产业项目布局图、基础设施布局图等扶贫攻坚的明细资料指南，明确方法步骤和主攻方向，更加细化精准扶贫的目标措施，确保精准扶贫效果。

村级要制定精准扶贫打算，坚持"因村施策、一村一策"，逐村制定内容简洁清晰的整村脱贫工作计划，进一步健全完善扶贫台账，实现基础设施、产业扶持、教育培训、危房改造、生态移民、结对帮扶"六个到村到户"，做到"规划到村、扶持到户、脱贫到人"。

完善精准脱贫卡册。帮扶干部要针对贫困户因灾、因病、因学、缺产业、缺技术、缺劳力等致贫的不同情况，围绕基本情况、收入水平、贫困原因、扶持措施、帮扶人员、脱贫时限等重点，逐户完善结对帮扶贫困户的精准脱贫卡册，确保卡册条理清楚、内容简洁、务实管用，真正实现"一对一、点到点"精准帮扶。

---

5. 因村派人精准

因村因地因人选派，夯实精准扶贫队伍建设基础。提高帮扶的精准度，关键要把好工作队员的"选派关"。一是因村精准选派。结合贫困村的民情社情、致贫原因、主导产业等因素，有针对性地做好干部选派和后盾单位挂点工作。二是因地精准选派。结合贫困村所处地理位置等实际情况，有针对性地选派扶贫干部。三是因人精准选派。既充分考虑驻村干部的个人特点，也全盘考虑面上干部结构，全力选好配强乡镇（街道）领导班子。

创新一线干部培养机制，营造人往基层走的干事氛围。基层一线是干部成长成才的主阵地。坚持把年轻干部放到扶贫攻坚等一线工作中培养锻炼，在实践中提升素质能力。一是践行"一线工作法"，推动扶贫干部下基层。在用人导向上，明确培养选拔干部重点看"三个一线"，即"是否在基层一线岗位工作两年以上，是否有参与急难险重一线工作经历，是否有自愿到基层一线锻炼的担当意愿"。二是推行定向帮扶机制，促使扶贫干部服务基层，结合开展驻村蹲点工作。三是大力培养后备干部,激励扶贫干部扎根基层。

加强管理考核监督,激发扶贫干部干事创业活力。一是强化日常管理。成立干部督导团,通过明查、暗访、电话核实等方式,对落实精准扶贫工作情况进行专项督查。每通报一次或者约谈一次,相应扣减所在单位的年终绩效考核分数。同时,树立鲜明的用人导向,同等条件下,优先提拔驻村帮扶干部。二是强化动态考核。在年度考核和绩效考评体系中,增设精准扶贫考核的内容、指标,增加分值权重。进一步完善考核评价机制和体系,将考核党政领导班子重点放在扶贫开发、完成减贫增收任务情况上。年初乡镇(街道)与区(县)主要领导签订扶贫工作责任状,在年末年度考核述职评议中,乡镇班子成员述职内容重点要"述职要述扶贫,评议要评扶贫"。三是强化执纪问责。对在精准扶贫工作中发现的问题线索从严查处;对扶贫帮扶和驻村帮扶重视不够、工作不力的部门领导进行诫勉谈话;对在开展工作中,思想认识不足,工作敷衍了事、推诿扯皮的干部,一律问责;对滥用职权、玩忽职守、徇私舞弊的领导干部依纪依法严肃处理;对扶贫攻坚中的违纪违法典型案件公开曝光,强化警示教育,发挥震慑作用。图3-7为湖南省里耶镇岩冲村驻村扶贫工作信息公开栏。

6. 脱贫成效精准

扶贫的主体是政府,但是政府的外部干预无法从根本上实现贫困户的稳定脱贫,要真正摆脱贫困,还需发挥贫困群体自身的主观能动作用。在扶贫工作中,应改变政府包办一切的工作方式,避免急功近利的思维模式,着力提高贫困群体的参与性,避免使贫困户形成"等、靠、要"思想,由"要我脱贫"转变为"我要脱贫"。同时,作为一个区域和城乡发展差距十分巨大的发展中国家,落后地区和落后人群的存在也将会持续很长时间。扶贫既要着眼于2020年前消灭绝对贫困人口,也要放眼2020年之后对相对贫困人口的帮扶工作。要提早进行规划,做好政策衔接,在坚决打赢脱贫攻坚战的同时,充分做好与相对贫困进行

图3－7 湖南省里耶镇岩冲村驻村扶贫工作信息公开栏

长期斗争的持久战准备，巩固扶贫成效，建立脱贫致富的长效机制。图
3－8、图3－9和图3－10分别展示了湖南省里耶镇岩冲村大力发展的
柑橘产业。

图3－8 湖南省里耶镇岩冲村种植的柑橘

图 3 - 9　湖南省里耶镇岩冲村果农采摘丰收的柑橘

图 3 - 10　湖南省里耶镇岩冲村果农收获的柑橘

构建科学精准扶贫成效评估体系

　　当前我国扶贫脱贫已经进入攻坚期，实践精准扶贫需要创新传统的扶贫模式，运用科学的手段和理念开展贫困治理。"入之愈深，其进愈难。"现在的深度贫困地区都是经过几轮扶贫剩下的硬骨头，是贫中之贫，难中之难，传统的"灌水式""输血式"的扶贫模式已经不适用于当前的扶贫对象。对扶贫思想的定位把握，不应只停留在操作层面将其解读为具体的工作方式，还应将其提升到贫困治理原则性高度，落实到扶贫工作的各项体制机制和政策体系中，确保精准扶贫工作的整体性推进。为了进一步提高精准扶贫成效，扶贫政策和机制需要不断完善。随着"精准扶贫"策略的正式提出和建档立卡工作的实施，"扶持谁""谁来扶""怎么扶"也将产生新的转变，原有的扶贫项目绩效评估思路已不再适合，必须进行创新和改进。

精准设计扶贫成效指标，是推进精准扶贫、精准脱贫各项政策措施落地落实的重要抓手。当前精准扶贫、精准脱贫已进入攻坚阶段，工作成效如何？贫困村、贫困户是否摘帽如何确定？这都需要有效的监督和评估。十九大报告要求，"构建决策科学、执行坚决、监督有力的权力运行机制"。精准扶贫涉及金融支持、社会救助、产业发展等多个领域，落实扶贫思想的重要抓手就是形成完整的扶贫成效评估体系。科学评估、全程评价并监督脱贫攻坚，可以有力提升扶贫工作针对性、有效性。科学有效的成效评估可以针对实践中出现的问题进行完善，明确下一步工作的重点。精准考核是保证脱贫成效精准的必要手段，需及时对政策实施后的扶贫效果进行评估。

动员全党全国全社会各方资源形成扶贫开发合力，需要科学化水平的精准扶贫成效评价指标体系。整合各方资源形成合力是推进深度贫困地区脱贫攻坚的重要力量，有效发挥政府、市场、社会等各方力量，调配资源，发挥各自优势，对于扶贫工作科学化水平提出了更高要求。按照科学的模式和理念开展精准扶贫工作，是保证扶贫实效的前提。习近平总书记曾指出，推进扶贫开发、推动经济社会发展，首先要有一个好思路、好路子。要坚持从实际出发，因地制宜，理清思路、完善规划、找准突破口。我国扶贫工作成效显著，但在实践层面还存在科学化程度不高的问题。如扶贫思路模糊，扶贫工作与当地实际脱钩；扶贫思路固化滞后，与经济社会发展现状脱节，用旧的思路应对新的形势；扶贫思路频繁变换，东一榔头西一棒槌。

走向科学扶贫，前提在于坚持实际导向，多深入群众，多做调查研究，弄清楚事情的来龙去脉，形成好的扶贫成效评价体系，真正将扶贫工作做到"深、实、细、准、效"。

（七）保障"七个强化"措施落实

"言必信，行必果。农村贫困人口如期脱贫、贫困县全部摘帽、解决区域性整体贫困，是全面建成小康社会的底线任务，是我们做出的庄严承诺。"习近平总书记2017年2月21日下午在主持中共中央政治局第三十九次集体学习时，强调集中力量攻坚克难，更好推进精准扶贫、精准脱贫，确保如期实现脱贫攻坚目标。

底线任务、庄严承诺、攻坚目标……习近平总书记的重要讲话字字千钧，清晰绘就精准扶贫、精准脱贫的蓝图，充分体现这次部署非同寻常的重要分量，为确保如期实现脱贫攻坚目标提供了根本遵循。

"行百里者半九十。"习近平总书记也一针见血地指出，要充分认识打赢脱贫攻坚战的艰巨性。今后几年，我国脱贫攻坚面临着十分艰巨的任务。越往后脱贫难度越大，因为剩下的大都是条件较差、基础较弱、贫困程度较深的地区和群众。要把深度贫困地区作为区域攻坚重点，确保在既定时间节点完成脱贫攻坚任务。脱贫攻坚需要凝心聚力、凝魂聚气、众志成城。中国扶贫开发协会执行副会长林嘉騋表示："脱贫攻坚任重而道远。想要统一摘掉贫困县的帽子，一定要动员全社会力量，发挥各县特色、整合资源。"

欲攻坚克难须集中力量，欲精准脱贫须精准扶贫。"要强化领导责任、强化资金投入、强化部门协同、强化东西协作、强化社会合力、强化基层活力、强化任务落实。"习近平总书记在此次讲话中提出"七个强化",从整体入手,以战略思维谋全局,以系统思维聚合力,为打赢脱贫攻坚战提供了重要方法论指导。

四

打赢精准脱贫攻坚战

《中共中央国务院关于打赢脱贫攻坚战的决定》提出的目标是，到2020年，稳定实现农村贫困人口不愁吃、不愁穿，义务教育、基本医疗和住房安全有保障。实现贫困地区农民人均可支配收入增长幅度高于全国平均水平，基本公共服务主要领域指标接近全国平均水平。确保我国现行标准下农村贫困人口实现脱贫，贫困县全部摘帽，解决区域性整体贫困。

（一）加强东西部合作，帮助西部贫困地区尽快脱贫

第一，提高认识，加强领导。西部地区要增强紧迫感和主动性，不以事艰而不为，不以任重而畏缩，倒排工期、落实责任，抓紧施工、强力推进。东部地区要增强责任意识和大局意识，下更大气力帮助西部地区打赢脱贫攻坚战。双方党政主要负责同志要亲力亲为推动工作，把实现西部地区现行标准下的农村贫困人口如期脱贫作为主要目标，加大组织实施力度。要坚持精准扶贫、精准脱贫，把帮扶资金和项目重点向贫困村、贫困群众倾斜，扶到点上、扶到根上。要加大投入力度，东部地区根据财力增长情况，逐步增加对口帮扶财政投入；西部地区整合用好扶贫协作和对口支援等各类资源，聚焦脱贫攻坚。

第二，完善结对，深化帮扶。要着眼于任务的适当平衡，完善省际结对关系。在此基础上，实施"携手奔小康"行动，着力推动县与县精准对接，还可以探索乡镇、行政村之间结对帮扶。要动员东部地区各级党政机关、人民团体、企事业单位、社会组织、各界人士等积极参与脱贫攻坚工作。要加大产业带动扶贫工作力度，着力增强贫困地区自我发展能力。推进东部产业向西部梯度转移，要把握好供需关系，让市场说话，实现互利双赢、共同发展。要把东西部产业合作、优势互补作为深化供给侧结构性改革的新课题，大胆探索新路径。在科技创新上，西部地区要不求所有、但求所用，东部地区要舍得拿出真技术支持西部地区。

第三，明确重点，精准聚焦。产业合作、劳务协作、人才支援、资金支持都要瞄准建档立卡贫困人口脱贫精准发力。要着眼于增加就业，建立和完善劳务输出对接机制，提高劳务输出脱贫的组织化程度。要在发展经济的基础上，向教育、文化、卫生、科技等领域合作拓展。要继续发挥互派干部等方面的好经验、好做法，促进观念互通、思路互动、技术互学、作风互鉴。要加大对西部地区干部特别是基层干部、贫困村致富带头人的培训力度，打造一支留得住、能战斗、带不走的人才队伍。

第四，加强考核，确保成效。要用严格的制度来要求和监督，抓紧制定考核评价指标。要突出目标导向、结果导向，不仅要看出了多少钱、派了多少人、给了多少支持，更要看脱贫的实际成效。西部地区是脱贫攻坚的责任主体，也要纳入考核范围。

（二）发挥群众主体作用

聚焦聚力，精准受益。精准扶贫要求，贫困地区根据自身优势推动特色产业发展时，始终要瞄准建档立卡贫困户，调动贫困人口的积极性，确保建档立卡贫困户的稳定、长期受益。因此，无论是通过招商引资吸引龙头企业带动，还是组织农村经济合作社，都要首先考虑到贫困人口的参与度、参与方式和收益形式，要建立有效的利益联结机制，避免"产业扶富不扶农""扶农不带贫"的现象。图4－1为湖南省里耶镇岩冲村驻村扶贫干部深入群众，商议脱贫成效巩固计划。

依靠主体，精选项目。建议贫困地区各级政府在摸清特色资源禀赋、贫困户生产经营情况的同时，多与当地群众共同分析市场空间和生态容量，深入听取贫困群众对发展特色种养、加工、旅游、休闲等产业的意见、建议、想法、要求。在此基础上，再请专家、专业人士规划和设计市场相对稳定、获益相对较快的特色产业。前期扶贫工作中的参与式扶贫已经取得了很多很好的经验，后期开展精准扶贫可以加以吸收和

图4-1 湖南省里耶镇岩冲村驻村扶贫干部与群众进行深度交流

借鉴。

千方百计，培养能人。贫困地区发展特色产业，需要有文化、懂技术、会经营的新型农民，这就需要改革农村义务教育。农村义务教育不能是只被高考指挥棒所左右的应试教育，应在小学高年级和初中阶段，通过举办课外兴趣小组等形式开展职业技术学习培训。初中阶段以上的毕业生，应该具备一定的种植、养殖、加工等专业技能，应该能通过有关部门专业考核，取得一些职业资格证书。大力发展农村职业教育，大力加强农民职业技能培训，使分散的农民个体尽快成为适应集体生产合作和现代企业生产需要的新型劳动群体，把贫困地区的人口资源变成人力资源。图4-2为湖南省里耶镇岩冲村驻村扶贫工作队与乡贤能人谋划构建更大的平台。

精准扶贫中贫困群众主体作用的发挥不仅是精准扶贫的内在要求，也是新时代尊重人民群众主体地位的客观要求，因此应充分发挥贫困群众的主体作用。

图 4 - 2　湖南省里耶镇岩冲村驻村扶贫工作队与乡贤能人谋划构建更大的平台

1. 发挥主体作用，完善内源扶贫长效机制

一是建立精准扶贫对象参与协调机制。搭建沟通平台，完善通报、协商制度，确保贫困主体参与到精准扶贫规划编制、个人帮扶计划拟订、项目选择实施、资金使用、管理监督等环节中来，在设计帮扶计划、村集体经济发展规划、扶贫开发项目推进计划时，让贫困群众出主意、想办法，全面真实反映其内在的诉求与愿望。

二是建立精准扶贫对象精神提振机制。强化精神扶贫，提振贫困群众精神风貌，一方面要充分利用各种媒体，加大面向贫困群众的精准扶贫政策宣讲、培训和传播力度，使精准扶贫政策走到田间地头，进村入户，引导贫困群众从单一普通种植业或外出务工的生计模式向持续生计模式转变，实现从自卑到自信的转变。另一方面要重视和有效挖掘本土扶贫文化，积极倡导本土扶贫精神。要做好具有帮扶能力和帮扶意愿的市场主体、社会组织和社会各界的动员宣传工作，形成"人人知扶贫、人人愿扶贫、人人为扶贫"的精准扶贫宣传动员大格局，营造真心真情、热忱热心帮扶贫困群众的良好氛围。

三是建立精准扶贫对象参与教育培训机制。围绕培育有文化、懂技术、会管理的新型职业农民的目标，注重对贫困群众进行基本技能培训，加大对贫困群众的生计资本和可行能力的扶持力度，提升贫困群众综合素养。借鉴湖南湘西十八洞村通过"扶志"和"扶智"改变扶贫和发展的软环境的做法，重视对贫困群众文化素质的培养，特别是要做好金融信用意识培养和教育。围绕培育新型职业农民的目标，定期对贫困群众进行实用技术、务工经商等基本技能培训，提升其风险规避意识以及应对气候变化、自然灾害的能力，加强以"雨露计划"为核心的能力培训，以提高贫困群众转移就业能力与外出务工的组织化程度。

2. 完善区域发展与扶贫开发融合机制

一是加强区域发展基础设施建设，进一步改善贫困群众生活条件。以项目建设为载体，引导各部门、社会各行业参与贫困村屯基础设施建设，有针对性地加快贫困村水、电、路、桥以及通信、网络、文体等基础设施建设步伐，构建贫困村屯联通内外、功能配套、安全高效、适度超前的现代化基础设施体系，加大贫困地区、贫困群众所需的内源脱贫的社会生活条件的供给力度。建立政府投资项目优先吸纳贫困群众务工的示范机制，充分发挥政府投资项目吸纳贫困群众的带头示范作用。如在政府投资项目中，中标方在项目建设期间附加"按投资额、用工额吸纳一定比例的建档立卡贫困家庭劳动力"条件；制定相关配套荣誉激励制度，对吸纳贫困群众务工有突出成绩的，予以表彰，并在政府投资招标中优先考虑。

二是强化对贫困群众生产性公共服务供给，进一步改善贫困群众生产条件。强化村庄共同体建设的基础性作用，提高村庄的组织、合作能力；加快建立涵盖产业发展的市场信息服务平台、技术支持体系和技术标准体系以及农产品风险的预警、防范和保险体系，农资安全监控体系在内的生产性公共服务体系；建立农村联合保险机制，保障贫困群众生产性公共服务的有效供给，为其自我发展能力的提高创设良好条件。借鉴南宁马山县龙昌村建立"扶贫互助资金协会"的做法，着力解决贫困群众生产发展中"急用钱"问题；借鉴湖南永州社会扶贫"一二三四五"模式，不断创新社会扶贫方式，强化社会组织在农村公共服务产品提供中的作用，提高其对贫困村屯的公共服务水平。此外，还要瞄准生态资源优势，走绿色崛起和绿色减贫之路，设立生态产业扶贫引导基金，按市场化方式运作，引入社会资金支持生态产业发展，走绿色产业化、产业绿色化的产业扶贫之路。如以县为单位，由县扶贫办牵头，联合科技、农业、商务、金融等部门，搭建"生态科技、市场信息与金融保险"为一体的生态产业服务平台，探索开发农业 CDM 项目、"多边低碳扶贫模式"等。

三是积极培育扶贫文化，开展乡风文明创建活动，进一步改善贫困群众文化生活条件。立足本地区特有的民族文化、红色文化、生态文化等文化资源禀赋，促进特色文化产业与群众脱贫致富紧密结合、传统文明和现代文明相融合，加强与旅游、科技等产业的融合发展，着力打造以特色文化旅游、特色民族工艺品和特色节庆演艺活动等为主的扶贫文化产业。按照党的十九大提出的"实施乡村振兴战略"的总要求，出台乡风文明建设实施方案，大力开展乡风文明创建活动，实施文化惠民品牌工程，促进贫困村屯婚姻、教育等观念的转变，积极倡导多代同堂、居家养老，探索建立成年子女与高龄父母共同生活补贴制度，引导、激励子女更好地履行赡养老人义务，完善对率先脱贫、带头致富的贫困群众给予物质和发展机会的激励机制；探索对"等靠要"的贫困群众实行负向约束机制。图4-3、图4-4分别为湖南省里耶镇岩冲村百姓跳广场舞、与州府来宾进行广场舞友谊比赛。

3. 通过政策保障完善支撑机制

一是强化精准扶贫政策的协同执行。加强党组织、政府主体、市场主体、社会组织主体以及贫困群众等多元主体参与的宣传动员、协同联

图 4 - 3　湖南省里耶镇岩冲村百姓跳广场舞

图 4 - 4　湖南省里耶镇岩冲村与州府来宾进行广场舞友谊比赛

动、监管评估机制建设，加强精准扶贫中各类参与主体的行为规范建设。强化政府部门对政策的执行、实施、成效评估工作，开展扶贫政策评估指标体系建构试点工作，鼓励并吸纳贫困群众等第三方机构开展扶贫政策评估，建立政策实施及成效反馈例会制度，借助互联网、大数据等现代技术手段，听取公众评论，吸纳"民间智慧"，搭建社会公众监督反馈平台，及时解决精准扶贫政策实施中存在的问题，增强精准扶贫政策供给的有效性，确保政策执行协同，以"不折腾，不走弯路""一张蓝图绘到底"为原则，切实提升精准扶贫政策的利用度和有效性。

二是强化精准扶贫力量的协同合作。积极营造精准扶贫是"全社会的责任"的共同意识之氛围，吸纳社会各界力量参与精准扶贫，注重发挥党组织、政府、市场、贫困群众、社会力量协同创新作用，形成各方联动、合力攻坚的态势，发挥多元主体参与精准扶贫的综合效应。建立协作顺畅的社会组织参与精准扶贫的工作机制，强化基层党组织班子建设，创建过硬的基层党组织，加大"村两委"干部专题轮训力度，增加村级运转经费补助，大力整顿软、弱、散的基层党组织，确保贫困村干部把主要精力和时间用在推动精准扶贫工作上来。全面实施"党员创业先锋"工程，大力培养农村党员科技示范户、致富带头人，针对村级干部后继乏人、村干部老龄化问题，制定并出台"优秀人才回乡创业"优惠政策，确保人才回归、资金回流、创业回乡，发挥乡土能人、党员致富能人的示范带头作用。

三是强化精准扶贫举措的协同落实。加强利益联结机制建设，保障贫困群众共享发展成果，借鉴吉林省靖宇县把农村低保与扶贫标准"两线合一"编织"新农合＋保险＋救助"社保网络的做法，强化兜底性扶贫工作，突出加强产业扶贫工作领域利益联结机制建设。发挥考核的指挥棒作用，落实好县党政领导班子、乡镇党政领导班子扶贫开发工作成效考核要求，切实做到奖优罚劣；加强督察落实工作，精准扶贫督查巡查和暗访工作应高度重视督查中发现的共性问题，抓好精准扶贫中形式主义问题的整改工作。做好精准扶贫中的执纪监督问责工作，对数字脱贫、虚假脱贫和违纪违规动用扶贫"奶酪"的行为严惩不贷。以责任明、作风优、考核正、督察实协同促进精准扶贫各项举措落地生根，开花结果，让贫困群众在见得着的实惠中感受到精准扶贫带来的实实在在的好处。

四是创设精准扶贫良好法治环境。加快贫困人口素质提升、可行能力提高以及权益保障、法律服务等规范化、制度化建设，构建党员干部运用法治思维和法治方式推进扶贫开发工作能力提升机制；针对扶贫资金多头管理、使用随意性大、社会力量参与扶贫开发积极性不高等问题，加快扶贫立法工作，以法律法规的形式将精准扶贫纳入法治化、可持续发展的轨道。

必须注重贫困群众自我发展能力的培养，贫困群众自我发展能力主要体现在生计资本和可行能力上，而使其发生改变不可能毕其功于一役、一蹴而就，这需要精准扶贫中的各个主体以足够的耐心、坚强的毅力和长远的计划迎难而上。精准扶贫向纵深推进面临的是脱贫攻坚的坚中之坚，这就要求相关部门必须从讲政治的高度，提高政治站位，以"咬定青山不放松，任尔东西南北风"坚定意志，凝心聚力，以千钧之力打赢脱贫攻坚战。

影响精准扶贫中贫困群众主体作用发挥的因素

精准扶贫中贫困群众主体作用发挥"不够理想"体现为：一是让群众"出主意"不够。帮扶计划、村集体经济发展规划、扶贫开发项目推进计划等听取民意不够，逐户走访、个别沟通，倾听贫困群众的呼声不足，有的仅是基层干部闭门造车，将贫困群众拒之门外，没有真正让贫困群众参与精准扶贫规划制定的全过程，未能较好地、全面真实地反映贫困群众的意愿。二是让群众"当主力"不够。贫困群众并没有真正融入其中，贫困群众对项目建设中的资金使用、工程质量、建设进度并不重视，对出现的问题也不管不问，更难做到献计献策，致使一些扶贫项目质量难以得到保证。三是让群众"唱主角"不够。一些村屯存在"跑项目满腔热情，建项目风风光光，管项目软疲无力"的"重建轻管"现象,尤其是基础设施项目、公益事业项目的保养、维护和修复,并没有让贫困群众"唱主角"参与管理,扶贫项目的资金使用缺乏群众监督,没有很好地用在脱贫刀刃上,未能确保其产生最大效益,给贫困群众以真正的实惠。四是让群众"当裁判"不够。贫困群众的参与度、获得感、受益度在精准扶贫指标体系构建中的比例小、分量轻,让群众"当裁判"参与考核评价没有得到应有的重视。

影响精准扶贫中贫困群众主体作用发挥的因素如下。

社会层面因素:一是有些党员干部对贫困群众的主体地位认识不足。在时间紧、任务重的情况下,有的党员干部认为精准扶贫的关键应体现在精准帮扶上。二是扶贫工作承接主体的社会基础条件薄弱。在城乡差距、贫富差距没有得到彻底改变,城镇化提速的背景下,城镇化的"拉力"和农村自身的"推力"加快了农村人口的持续外流,农村人口的"空心化"日趋加剧,使得农村特色产业可持续发展和社会治理的基础条件呈现出薄弱趋势,精准扶贫政策、扶贫开发项目也因难以找到合适的承接主体而无法落地。三是精准扶贫所需的社会文化氛围缺乏。一些政策支持力度不够,使得乡规民约、社会治理规范、传统文化等融入精准扶贫严重滞后;文明法治建设、公平法治建设、诚信法治建设进展缓慢,使得对信用缺失、行为失范、"黄赌毒"以及陈规陋习等约束力不强。

组织层面因素:一是农村基层党组织优势作用发挥滞后。基层党组织工作运行机制不健全,服务功能弱化,凝聚力、战斗力、政治动员号召力与实际工作要求还有一定的差距。二是农村经济合作组织带动力不足。产业扶贫与贫困群众紧密结合的制度设置缺乏,致使现有的产业扶贫没有将利益很好地传递到本该获得利益的贫困群众,社会化的生产性公共服务问题无法得到根本解决。再加上农村经济合作组织作为产业化组织存在结构性障碍,使其深受运营能力、信息渠道、组织成本等因素的制约,作用发挥十分有限。三是社会组织公共性服务保障乏力。社会组织并未成熟和定型，发展滞后，参与地方治理特别是贫困治理的范围和空间十分有限，使得社会各界参与脱贫攻坚的载体并不丰富，在教育扶贫、科技扶贫、文化扶贫、兜底脱贫等农村基本公共服务的提供上显得力不从心，行业力量、专业力量和社会力量的精准扶贫合力尚未完全形成。

主体层面因素：一是主体思想观念落后，接受先进知识不积极。一些贫困群众存在不敢想、不敢闯、不敢干的"三不敢"思想，思想保守，小富即安，科技意识和市场经济意识不强，难以接受和面对新理念、新技术、新知识等。二是主体文化素质偏低，参与技能培训不积极。

制度层面因素：一是扶贫政策之间不配套、不协调。政策中条块性、碎片化的应急式特征明显，使得扶贫工作人员疲于政策的上传下达，甚至面对不匹配、不协调的政策一时无从下手，特别是有利于贫困群众参与的制度设计未能到位。二是扶贫政策综合评估体系不科学。体现贫困群众参与度、可行能力的扶贫政策综合评估体系以及基于贫困群众、专家、基层干部等多重视角设计、实施的扶贫政策评估指标体系和综合评估方法不完善。三是多元主体协同机制不健全。全面有力的协同文化培育机制等尚未建立，政府、市场、社会协同推进的大扶贫开发格局尚未形成，过去政府行政化主导"单打独斗"、动员式参与"单向运动"的扶贫模式仍旧存在。

（三）开展扶贫扶志教育

推进精准脱贫攻坚、逐步实现共同富裕，是以习近平同志为核心的党中央从战略全局高度做出的重大决策部署。"十三五"是脱贫攻坚啃硬骨头、攻城拔寨的时期，要打赢这场脱贫攻坚战，不仅需要各级党委政府凝心聚力，投入大量的资金、物资等，为贫困群众"输血"，解决迫切的生产生活之需，增加获得感，而且更要注重有针对性地扶志与扶智，激发贫困群众自我发展的内生动力。只有外部"输血"式扶贫与内部"造血"式脱贫相结合，通过自身"造血"巩固"输血"的成果，才能彻底拔除穷根、消除贫困。

在脱贫攻坚战中，我们不难看到大多数贫困群众尝到了勤劳脱贫的甜头，真切感受到了党和国家扶贫政策带来的实惠，他们走上了脱贫奔小康之路，越干越有劲头。但也有一部分贫困群众"等靠要"思想严重，甚至把党的扶贫好政策错误地当成了养懒人的政策，争着当贫困户、低保户。贫困群众大多数文化素质偏低，有的读书看报、填表算账都困难，脱贫能力普遍欠缺。此类问题已成为脱贫攻坚的突出问题。对此，我们必须高度重视，精准施策，靶向发力，确保精准扶贫、精准脱贫目标的如期实现。

"志智双扶"是打赢脱贫攻坚战的根本之策。习近平总书记强调，扶贫先扶志，扶贫必扶智。扶志就是扶思想、扶观念、扶信心，帮助贫困群众树立起摆脱困境的斗志和勇气；扶智就是扶知识、扶技术、扶思路，帮助和指导贫困群众着力提升脱贫致富的综合素质。如果扶贫不扶志，扶贫的目的就难以达到，即使一度脱贫，也可能会再度返贫。如果扶贫不扶智，就会知识匮乏、智力不足、身无长物，甚至造成贫困的代际传递。要从根本上摆脱贫困，必须智随志走、志以智强，实施"志智双扶"，才能激发活力，形成合力，从根本上铲除滋生贫穷的土壤。

组织贫困群众认真学习习近平总书记关于扶贫工作的重要论述，加强思想、文化、道德、法律、感恩教育，大力弘扬"脱贫攻坚是干出来的""幸福是奋斗出来的""滴水穿石""弱鸟先飞""自力更生"等精神，帮助贫困群众摆脱思想贫困、树立主体意识。大力宣传脱贫攻坚目标、现行扶贫标准和政策举措，让贫困群众知晓政策，更好地参与政策落实并获得帮扶。建好用好新时代文明实践中心，运用好农村"大喇叭"、村内宣传栏、微信群、移动客户端和农村远程教育等平台，发挥乡村干部和"第一书记"、驻村工作队贴近基层、贴近群众优势，组织党员干部、技术人员、致富带头人、脱贫模范等开展讲习，提高扶志教育针对性、及时性、便捷性和有效性。在贫困地区中小学校开展好习惯、好行为养成教育，带动学生家长共同转变观念习惯。图4-5为湖南省里耶镇岩冲村驻村扶贫干部深入群众，通过"火炉会"征求百姓意见。

图4-5 湖南省里耶镇岩冲村驻村扶贫干部参加"火炉会"

"志智双扶"必须精准细致、久久为功。改造贫困群众的"等靠要"思想，提升脱贫的内生动力，既是当前脱贫攻坚战的薄弱环节，也是脱贫攻坚战最大的难点，必须像描工笔画般精准细致、久久为功才能收到实效。

一是与群众贴得近些，更近些。致富不致富，关键看干部。在"志智双扶"中，广大帮扶干部和"第一书记"要驻村入户，与贫困群众贴得近些，更近些，像对待自己的亲人一样，一对一融进去，真正走进他们内心，准确把握他们的思想动态，把脉问诊，对症下药。既要把中央和地方的扶贫政策、扶贫物资送到家中，帮助贫困地区改善基础设施，因地制宜发展产业，增加收入，真正实现"两不愁、三保障"，心贴心地服务，为贫困户排忧解难，更要把志气、信心送到农户心坎上，帮助树立"自力更生、勤劳致富"的正确观念，铆足精气神、撸起袖子加油干、立志拔穷根。图4-6为湖南省里耶镇岩冲村扶长远、利长远平台参加人员。

图4-6　湖南省里耶镇岩冲村扶长远、利长远平台参加人员

二是紧紧抓住教育扶贫这个根本。扶"钱"不如扶"智"，扶"今天"更要扶"明天"。让贫困地区的孩子们接受良好教育，阻断贫困代际传递。要加大资金支持力度，实施教育扶贫，统筹中央、地方财力向教育脱贫任务较重的地区和定点村倾斜，打好教育脱贫歼灭战。推进"教育精准扶贫行动计划"，采取免、减、奖、贷、助、补等多种方式，确保每个贫困孩子在各个教育阶段"有学上""上得起"，决不让一名贫困孩子失学，不让贫困孩子输在起跑线上。要重点抓好职业教育培训，向建档立卡贫困家庭子女全面免费敞开，让他们"只要一技在手，全家脱贫有望"。

三是通过技能培训提高贫困群众素质。技能培训是帮助贫困群众脱贫最直接最有效的途径。培训不能大水漫灌、大而化之，一定要因人而异、按需配菜，在开展培训前首先要进行调研，充分了解贫困群众所思所盼、所需所求。要本着"需要什么，培训什么；缺什么，补什么"的原则，根据贫困群众的实际需求量身定制、量体裁衣，真正发挥培训立竿见影的功效。比如，海南创新"电视＋夜校＋热线"扶贫模式，贫困户参学率达90%以上，既畅通贫困户了解党的一系列强农惠农富农政策的渠道，又帮助他们有效掌握一定的法律法规知识和科学种养技术。在培训过程中，既要注重"引进来"现身说法，也要组织贫困群众"走出去"开阔眼界；既要授人以鱼，有的放矢加强致富知识和技能的培训，也要授人以渔，让贫困群众在产业发展实践中长见识、长本领。

四是紧贴群众口味改进宣传方式。要大力塑造和宣传"第一书记"、功勋龙头企业、致富带头人、产业扶贫等先进典型，引导和激励基层扶贫干部对照标杆、学习标杆、看齐标杆，营造齐心协力精准脱贫的良好舆论氛围。还要大力开展文化扶贫，潜移默化改变贫困群众一些不良习俗和落后观念。比如，海南组建10支"脱贫攻坚文艺轻骑队"深入重点贫困村，用琼剧、山歌、相声、小品等群众喜闻乐见的艺术形式，调动贫困群众人心思进、主动脱贫、勤劳致富的积极性和主动性。

幸福美好的生活不会从天而降，脱贫致富终归是要靠贫困群众用自己的双手来创造。"志智双扶"也不可能一蹴而就，必须绵绵用力、久久为功，发扬钉钉子精神，润物无声地感召，滴水穿石地坚持，才能见到实效。随着脱贫攻坚日益深入，我们要更加坚持问题导向、对症施策，以更大的决心、更精准的举措和更超常的力度，着力拔除贫困群众思想和能力上的穷根，深入推进精准扶贫、精准脱贫事业，为全面建成小康社会而努力。

"志智双扶"首先要激励贫困群众立志气。贫困群众是脱贫攻坚的主体力量，只有帮助他们"扶"起脱贫的志气、挺起脱贫的腰板，才能真

正激发出持久的脱贫致富动力。没有脱贫志向，再多扶贫资金也只能管一时，不能管长久。因此，要打赢脱贫攻坚战，就是要帮助贫困群众提高认识、更新观念、自立自强，唤起贫困群众自我脱贫的斗志和决心。

"志智双扶"关键在于帮助贫困群众增强底气。贫穷和愚昧往往具有共生关系，尤其是现阶段的大多数贫困问题，表面看是物质性贫困，但究其根源在于缺乏"人穷志不穷"的精神和改变贫困现状的知识、能力和手段。因此，要舍得投入资金，积极为困难群众搭台清障，提高贫困群众脱贫致富的能力，坚定贫困群众脱贫致富的信心，鼓舞斗志，增强"自我造血"功能。

精准扶贫，关键在人。给钱给物，能解一时之困；扶心扶志，扶能扶智，才能治懒治愚，拔掉穷根。越是在攻坚阶段，就越要充分发挥"志智双扶"关键一招的作用。

（四）加强技能培训

围绕贫困群众发展产业和就业需要，组织贫困家庭劳动力开展实用技术和劳动技能培训，确保每一个有培训意愿的贫困人口都能得到有针对性的培训，增强脱贫致富本领。采取案例教学、田间地头教学等实战培训，强化信息技术支持指导，实现贫困群众科学生产、增产增收。组织贫困家庭劳动力参加劳动预备制培训、岗前培训、订单培训和岗位技能提升培训，支持边培训边上岗，突出培训针对性和实用性，将贫困群众培育成有本领、懂技术、肯实干的劳动者。

引导贫困群众就业和发展产业。支持贫困群众发展特色产业，大力开展转移就业，开发扶贫岗位，在有条件的地方建设扶贫车间，确保有劳动力的贫困户至少有一项稳定脱贫项目。加强贫困村致富带头人培育培养，增强新型经营主体带动作用，提高贫困群众发展生产的组织化、规模化、品牌化程度。完善产业扶贫奖补措施，鼓励和支持贫困群众发展产业增收脱贫。采取劳务补助、劳动增收奖励等方式，提倡多劳多得、多劳多奖。湖南省里耶镇岩冲村通过平台构建、技术指导，全产业链发展，岩冲村柑橘树长势喜人（见图4-7）。

图4-7　湖南省里耶镇岩冲村柑橘树长势喜人

　　发挥贫困群众主体作用。尊重贫困群众的首创精神和主体地位，鼓励贫困群众向村两委签订脱贫承诺书，明确贫困群众脱贫责任。落实贫困群众知情权、选择权、管理权、监督权，引导贫困群众自己选择项目、实施项目、管理项目、验收项目，参与脱贫攻坚项目全过程。推广以表现换积分、以积分换物品的扶贫超市等自助式帮扶做法。鼓励贫困户之间或贫困户与非贫困户之间开展生产生活互助。

　　因地制宜发展壮大村级集体经济。省一级要制定发展村级集体经济规划，县一级要在逐村分析研究的基础上，制定实施方案。乡镇、村党组织要把党员、群众和各方面力量组织起来，多渠道增加村集体经济收入，切实增强村级党组织凝聚服务群众的能力。财政支农资金投入所形成资产带来的村集体经济收入，优先用于购买公益岗位、村内小型公益事业等贫困户帮扶及保障支出。加强对村集体经济运营、分配和使用等方面的监督管理。

（五）强化典型示范

选树一批立足自身实现脱贫的奋进典型和带动他人共同脱贫的奉献典型，用榜样力量激发贫困群众脱贫信心和斗志，营造比学赶超的浓厚氛围。开展全国脱贫攻坚奖评选，组织先进事迹报告会，支持各地开展脱贫攻坚奖评选表彰活动，加大对贫困群众脱贫典型表彰力度。制作扶贫公益广告，宣传榜样力量。宣传脱贫致富先进典型，总结推广脱贫致富成功经验，鼓励各地开展脱贫家庭星级评定，发布脱贫光荣榜，用身边人身边事教育引导身边人，让贫困群众学有榜样、干有方向，形成自力更生、脱贫光荣的鲜明导向。

提升乡风文明水平。持之以恒推进农村精神文明建设，着力培育文明乡风、良好家风、淳朴民风。在贫困地区开展文明村镇、文明家庭、星级文明户等创建活动，推选"好婆婆""好媳妇""好夫妻""好儿女"，推广设立扶贫孝善基金，图4-8为湖南省里耶镇岩冲村的孝道宣传图片。对积极参与村内公益事业、保持良好生活和卫生习惯、营造优良文明家风等行为给予奖励。动员文明单位履行社会责任结对帮扶贫困

图4-8　湖南省里耶镇岩冲村孝道宣传图片

村。持续开展贫困村改水、改厕、改厨、改圈等人居环境整治。发挥基层党员干部在讲文明、树新风等方面的示范作用。开展民族团结进步创建活动，引导建立各民族相互嵌入式的社会结构和社区环境，促进各民族交往交流交融。

加大贫困地区文化供给。组织文艺院团、文艺工作者等创作一批反映贫困地区本地文化、展现贫困群众自力更生精神风貌的文艺影视作品。培育挖掘贫困地区本土文化人才，支持组建本土文化队伍，讲好富有地方特色、反映群众自主脱贫的故事。推动贫困地区综合文化服务中心和体育设施建设，推进数字广播电视户户通。组织文化下乡活动，加快优秀文艺作品向贫困地区基层一线传播。图4-9为湖南省里耶镇岩冲村文艺队。

图4-9 湖南省里耶镇岩冲村文艺队

发挥村民治理机制和组织作用。指导修订完善村规民约，传承艰苦奋斗、勤俭节约、勤劳致富、自尊自强、孝亲敬老、遵纪守法等优良传统，引导贫困群众自觉遵守、自我约束。鼓励成立村民议事会、道德评议会、红白理事会、禁毒禁赌会等自治组织，规劝制止陈规陋习，倡导科学文明生活方式。

加强不良行为惩戒。开展高额彩礼、薄养厚葬、子女不赡养老人等摸底调查，有针对性地开展专项治理，逐步建立治理长效机制。探索设立红黑榜，曝光攀比跟风、环境脏乱差、争当贫困户等不良行为。深化法治建设，引导贫困群众知法守法，不越雷池、不碰红线。加强诚信监管，将有故意隐瞒个人和家庭重要信息申请建档立卡贫困户和社会救助、具有赡养能力却不履行赡养义务、虚报冒领扶贫资金、严重违反公序良俗等行为的，列入失信人员名单，情节严重、影响恶劣的，通过公益诉讼等手段依法严厉惩治。对参与黑恶活动、黄赌毒盗和非法宗教活动且经劝阻无效的贫困人口，可取消其获得帮扶和社会救助的资格。

（六）强化组织保障

强化基层党组织政治功能，加强对贫困群众的教育引导。选好配强村级党组织带头人。实施村党组织带头人整体优化提升行动，加大从本村致富能手、外出务工经商人员、本乡本土大学毕业生、退役军人中培养选拔的力度。有针对性地开展大规模轮训工作，村党组织书记每年至少参加 1 次县级以上集中培训。派强用好第一书记和驻村工作队，严格管理考核，树立鲜明导向，对优秀的第一书记和驻村干部宣传表彰、提拔使用，对不胜任的及时"召回"调整。

发挥好村级党组织组织群众、宣传群众、凝聚群众、服务群众的作用。着力选准贫困村发展路子，制定好脱贫计划，组织贫困群众参与脱贫项目并实现增收。推动基层党组织加强对村民议事会、村民理事会等各种组织的领导，把农村精神文明建设抓在手上。加强贫困村脱贫致富带头人培育培养，组织和支持党员带头脱贫致富，吸引各类人才到贫困村创新创业。加强对贫困人口、留守儿童和妇女、老年人、残疾人、"五保户"等人群的关爱服务。落实"四议两公开"制度，探索基层民主决策新方式，提高群众的集体意识、参与意识和奉献意识。

加强工作保障，推进政策举措落地见效。切实落实责任。各级相关部门要高度重视扶贫扶志工作，加强统筹协调、督促推进和配合协作，按照责任分工抓好组织实施。注重发挥驻地部队、共青团、妇女组织、残联和社会组织等在扶贫扶志中的作用。强化督导检查。各地要建立扶贫扶志重点工作督办机制，建立工作台账。把扶贫扶志工作推进落实情况纳入脱贫攻坚督查巡查和精神文明创建活动内，确保各项政策举措落实落地。鼓励探索创新。加强扶贫扶志工作理论创新和实践创新，鼓励各地结合实际探索好经验好做法，及时总结宣传推广，不断提升扶贫扶志工作水平。

习近平关于扶贫工作重要讲话（摘选）

要坚定信心。只要有信心，黄土变成金。贫困地区尽管自然条件差、基础设施落后、发展水平较低，但也有各自的有利条件和优势。只要立足有利条件和优势，用好国家扶贫开发资金，吸引社会资金参与扶贫开发，充分调动广大干部群众的积极性，树立脱贫致富、加快发展的坚定信心，发扬自力更生、艰苦奋斗精神，坚持苦干实干，就一定能改变面貌。——习近平总书记在河北省阜平县考察扶贫开发工作时的重要讲话（2012年12月29日、30日）

贫困地区发展要靠内生动力，如果凭空救济出一个新村，简单改变村容村貌，内在活力不行，劳动力不能回流，没有经济上的持续来源，这个地方下一步发展还是有问题。一个地方必须有产业，有劳动力，内外结合才能发展。最后还是要能养活自己啊！——习近平总书记在河北省阜平县考察扶贫开发工作时的重要讲话（2012年12月29日、30日）

治贫先治愚。要把下一代的教育工作做好，特别是要注重山区贫困地区下一代的成长。下一代要过上好生活，首先要有文化，这样将来他们的发展就完全不同。义务教育一定要搞好，让孩子们受到好的教育，不要让孩子们输在起跑线上。古人有"家贫子读书"的传统。把贫困地区孩子培养出来，这才是根本的扶贫之策。——习近平总书记在河北省阜平县考察扶贫开发工作时的重要讲话（2012 年 12 月 29 日、30 日）

要帮助贫困地区群众提高身体素质、文化素质、就业能力，努力阻止因病致贫、因病返贫，打开孩子们通过学习成长、青壮年通过多渠道就业改变命运的扎实通道，坚决阻止贫困现象代际传递。——习近平总书记在参加十二届全国人大三次会议广西代表团审议时的重要讲话（2015 年 3 月 8 日）

扶贫必扶智。让贫困地区的孩子们接受良好教育，是扶贫开发的重要任务，也是阻断贫困代际传递的重要途径。党和国家已经采取了一系列措施，推动贫困地区教育事业加快发展、教师队伍素质能力不断提高，让贫困地区每一个孩子都能接受良好教育，实现德智体美全面发展，成为社会有用之才。——习近平总书记给"国培计划（二○一四）"北师大贵州研修班参训教师的回信（2015 年 9 月 9 日）

扶贫既要富口袋，也要富脑袋。要坚持以促进人的全面发展的理念指导扶贫开发，丰富贫困地区文化活动，加强贫困地区社会建设，提升贫困群众教育、文化、健康水平和综合素质，振奋贫困地区和贫困群众精神风貌。——习近平总书记在中央扶贫开发工作会议上的重要讲话（2015 年 11 月 27 日）

摆脱贫困首要并不是摆脱物质的贫困，而是摆脱意识和思路的贫困。扶贫必扶智，治贫先治愚。贫穷并不可怕，怕的是智力不足、头脑空空，怕的是知识匮乏、精神委顿。脱贫致富不仅要注意富口袋，更要注意富脑袋。东西部扶贫协作和对口支援要在发展经济的基础上，向教育、文化、卫生、科技等领域合作拓展，贯彻"五位一体"总体布局要求。要继续发挥互派干部等方面的好经验、好做法，把东部地区理念、人才、技术、经验等要素传播到西部地区，促进观念互通、思路互动、技术互学、作风互鉴。西部地区要彻底拔掉穷根，必须把教育作为管长远的事业抓好。东部地区要在基础教育、职业教育、高等教育等方面，通过联合办学、设立分校、扩大招生、培训教师等多种方式给予西部地区更多帮助。还要注意解决好因病致贫、因病返贫的问题，东部地区可以通过援建医院、培训医生、远程诊疗、健康快车等帮助西部地区。——习近平总书记在东西部扶贫协作座谈会上的重要讲话（2016年7月20日）

中 篇

乡村振兴的价值取向：全面小康社会

五
实现全面小康社会

习近平总书记的"小康不小康，关键看老乡"道出了我国全面建成小康社会与解决好"三农"问题的关系——全面建成小康社会，基础在农业，难点在农村，关键在农民。"三农"不稳，天下难"安"；"老乡"不富，小康难"全"。

"小康"是古代思想家对理想社会的描述，早在西周时期，"小康"一词即已出现。《诗经》的《民劳》中有"民亦劳止，汔可小康"的句子，意思是老百姓太劳苦，也该稍稍得到安乐了，体现了老百姓对宽裕、安乐生活的向往。在中国古代的传统文化中，特别是在儒家思想里，小康是仅次于"大同"的理想社会模式，是所谓政教清明、人民富裕安乐的社会局面，后来也多指社会秩序稳定、经济发展良好、百姓安居乐业的社会。而中国共产党人赋予了"小康"新的时代内涵，并将其作为我国社会主义现代化建设的一个阶段性目标。

1979 年 12 月 6 日，邓小平在会见日本首相大平正芳时首次提出"小康之家"这样一个"中国式的四个现代化"的全新概念。此后，他在领导中国特色社会主义现代化建设的实践中反复论证，逐渐丰富、发展了这一思想，形成了他关于小康社会的理论，并在此基础上提出了"三步走"的发展战略。2002 年，党的十六大进一步确立了到 2020 年全面建成小康社会的宏伟目标；2007 年，党的十七大提出了全面建设小康社会奋斗目标的新要求；2012 年，党的十八大在十六大、十七大确立的全面建设小康社会目标的基础上，提出了全面建成小康社会的总蓝图。到 2020 年全面建成小康社会，是中华民族伟大复兴"两个一百年"总目标当中的第一个"一百年"；在"四个全面"战略布局中，全面建成小康社会是处于引领地位的战略目标。如期全面建成小康社会，事关中国梦的实现，事关中华民族的伟大复兴。

习近平总书记在多种场合、多次强调"小康不小康，关键看老乡"，表明了习近平总书记眼中的"小康"，不仅要看经济总量，还要看老百姓的生活质量；不仅要看平均数，而且要看大多数。这体现了我们党对"小康社会"的深刻认识，把握住了实现全面建成小康社会的重点和难点。

其一，从人类的历史发展来看，举凡人口大国，其发展过程中，吃饭问题始终无法回避。"民以食为天"是亘古不变的真理，解决不了老百姓的吃饭问题，其他所有的事情都是画饼充饥，而要解决吃饭问题，农业就是重中之重，而这也是长久以来，我国一直将农业放在事关全局稳定的战略地位来考量的根本原因。其二，一个国家在现代化进程中，如果农业人口始终占据较大比重，那这个国家的城市建设得再漂亮，城里人的收入再高，也代表不了这个国家的整体发展水平。这个国家的发展程度和发展水平，必须要通过农业、农村、农民的发展状况来进行衡量。人口基数庞大，农业人口众多，是迄今为止我国的基本国情，也是习近平总书记提出"小康不小康，关键看老乡"这一重要论断的重要事实背景。换而言之，中国到2020年能不能全面建成小康社会，问题不在于北京，不在于上海，更不在于城市，关键在农村、农业和农民。

一个木桶能装多少水，起决定作用的是最短的木板，短板是木桶盛水量的"限制性因素"，如果短板总在木桶上"扯后腿"，即便长板比短板高出再多，也没有多大意义，装再多的水都会漏掉，装的水越多，浪费也就越大。想要增加木桶的盛水量，最有效的办法就是补齐短板。同样的道理，我们要全面建成小康社会，就必须补齐短板。习近平总书记曾指出："我们实现第一个百年奋斗目标、全面建成小康社会，没有老区的全面小康，特别是没有老区贫困人口脱贫致富，那是不完整的。"从我国目前发展程度上来看，农业发展是建成全面小康的短板，农民收入是实现全面小康的制约，改善农村面貌是全面建成小康社会的重大任务。

农业同步发展。当前，我国工业化、信息化、城镇化与农业现代化需要同步协调发展，然而农业现代化却稍显滞后，尽管我们的粮食生产年年丰收，但粮食安全仍面临挑战，部分粮食和农产品的进口数量连创新高。此外，农业比较效益低下，很多农民务农积极性下降，外出农民工特别是新生代农民工不愿回乡务农、农业生产"后继乏人"的现实问题已经摆在我们面前。农业现代化水平不高，与发达国家相比，我国农业科技水平还不高，农业劳动生产率比较低，农产品质量安全水平不高、农业组织化程度较低、市场主体竞争力不强的问题比较突出。此外，耕地数量减少、质量下降的问题也不容忽视。可以说，上述问题制约着我们的农业现代化进程，不将这些"绊脚石"搬开，农业现代化就无法实现，就难以从根本上促进农民收入持续较快增长、改变农村落后面貌，极易导致农业萎缩，回过头来还会导致工业化、信息化和城镇化的发展受阻。

改善农村面貌。当前，广大农村还面临许多困难和问题：基础设施建设仍然较为滞后，饮水安全、用电、水利设施、公路建设、边远地区出行等问题都有待解决；公共服务水平亟待提高，农村教育基础依然薄弱，公共卫生体系建设不健全，公共文化资源较为短缺，农村社会福利滞后于社会和经济发展水平；农村人居环境差，环境污染问题比较严峻；村庄建设较少进行科学合理的规划，村容村貌较差，房屋分布无序。这些问题的存在，是挡在我们全面建成小康社会面前的"绊脚石"，不仅影响农民生活水平的提高，而且制约农民素质的提高和农村社会的进步。所以说，改善农村面貌，是全面建成小康社会的重大任务。

农民收入增长。同其他行业和职业相比，我国的农民收入和生活水平总体较低，是全面建成小康社会的主要制约因素。城镇居民可支配收入从 2004 年的 9422 元上升到 2018 年的 39251 元，农村居民人均纯收入从 2004 年的 2936 元上升到 2018 年的 14617 元，城乡居民收入比从 2004 年的 3.2∶1 降到 2018 年的 2.69∶1，虽然城乡居民纯收入比例有所减小，但绝对悬殊差距仍很大，相差 24634 元。仔细观察对比，2018 年我国农村居民人均纯收入仅仅相当于 2008 年我国城镇居民的可支配收入，农村居民纯收入落后城镇居民可支配收入整整 10 年。贫困地区农民的收入水平更低，而国际上城乡居民收入比一般在 2∶1 以下。农民收入是小康指标能否实现的决定性因素，也是全面建成小康社会的基础性要素。如果农民收入不能得到切实较快的提高，到 2020 年城乡居民收入比 2010 年翻一番、收入分配差距缩小、扶贫对象大幅减少的目标就难以实现。

东西部扶贫协作和对口支援，是推动区域协调发展、协同发展、共同发展的大战略，是加强区域合作、优化产业布局、拓展对内对外开放新空间的大布局，是实现先富帮后富、最终实现共同富裕目标的大举措，必须认清形势、聚焦精准、深化帮扶、确保实效，切实提高工作水平，全面打赢脱贫攻坚战。

习近平总书记指出："中国要强，农业必须强；中国要美，农村必须美；中国要富，农民必须富。"要做到这些，就要通过富裕农民、提高农民、扶持农民，让农业经营有效益，让农业成为有奔头的产业，让农民成为一种体面的职业，让农村成为安居乐业的美丽家园。

"务农重本，国之大纲。"要让农业成为一个有奔头的产业，就要加快推进农业现代化，立足我国基本国情农情，遵循现代化规律，依靠科技支撑和创新驱动，加大投入，提高土地产出率、资源利用率、劳动生产率，努力走出一条生产技术先进、经营规模适度、市场竞争力强、生态环境可持续的中国特色新型农业现代化道路。始终高度重视国家粮食安全，正如习近平总书记强调的，保障国家粮食安全是一个永恒的课题，任何时候这根弦都不能松，要坚持以我为主、立足国内、确保产能、适度进口、科技支撑的国家粮食安全战略，18 亿亩耕地红线仍然必须坚守，同时现有耕地面积必须保持基本稳定；加快构建新型农业经营体系，努力构建以政府部门的服务和管理为保障的集技术、信息、金融、营销等服务于一体的新型农业服务平台，加快培育新型农业经营主体，构建以农户家庭经营为基础、合作与联合为纽带、社会化服务为支撑的立体式复合型现代农业经营体系。

农村是我国传统文明的发源地，乡土文化的根不能断，要为农民建设幸福家园和美丽乡村。要继续推进新农村建设，习近平总书记指出，要使新农村建设与新型城镇化协调发展、互惠一体，形成双轮驱动，切实解决规划上城乡脱节、重城市轻农村的问题，"新农村建设一定要走符合农村实际的路子，遵循乡村自身发展规律，充分体现农村特点，注意乡土味道，保留乡村风貌，留得住青山绿水，记得住乡愁"；要完善农村基础设施建设机制，推进城乡基础设施互联互通、共建共享，创新农村基础设施和公共服务设施决策、投入、建设、运行管护机制，积极引导社会资本参与农村公益性基础设施建设；推动城乡基本公共服务均等化，推动形成城乡基本公共服务均等化体制机制，特别是要加强对农村留守儿童、妇女、老人关爱服务体系的建设。图 5 - 1、图 5 - 2 分别为湖南省里耶镇岩冲村乡风文明宣传栏和玩耍的孩子。

图 5 - 1　湖南省里耶镇岩冲村乡风文明宣传栏

"三农"问题的本质是农民问题，要让农民共享发展成果，共享现代文明。让农民成为一种体面的职业，把公共资源的投入由城市为主更多地向农村倾斜，不断改造升级传统农业，把传统的村落改造为让农民也能过上现代文明生活的农村新社区，把传统的农民改造为适应生产分

图5-2 湖南省里耶镇岩冲村玩耍的孩子

工发展要求的高素质的新型农民，逐步消除农民和市民在实质上的差别和身份上的巨大落差，而只是社会职业分工的不同；要大力促进农民增加收入，要提高种地集约经营、规模经营、社会化服务水平，增加农民收入；要实施精准扶贫，习近平总书记指出，"要强化扶贫开发工作领导责任制，把中央统筹、省负总责、市（地）县抓落实的管理体制，片为重点、工作到村、扶贫到户的工作机制，党政一把手负总责的扶贫开发工作责任制，真正落到实处"；"各地都要在扶持（贫）对象精准、项目安排精准、资金使用精准、措施到户精准、因村派人（第一书记）精准、脱贫成效精准上想办法、出实招、见真效。要坚持因人因地施策，因贫困原因施策，因贫困类型施策，区别不同情况，做到对症下药、精准滴灌、靶向治疗，不搞大水漫灌、走马观花、大而化之"。

党的十八届五中全会，对全面建成小康社会提出了新的目标要求，其中包括：我国现行标准下农村贫困人口实现脱贫，贫困县全部摘帽，解决区域性整体贫困。事实上，不论是之前的"到2020年城乡居民人均收入比2010年翻一番"，还是现在的脱贫目标，其难点和重点都在农村，"三农"依然是全面建成小康社会必须要解决的问题，"老乡"仍然是"小康"的关键。

小康社会是古代思想家描绘的诱人的社会理想，也表现了普通百姓对宽裕、殷实的理想生活的追求。所谓全面的小康社会，不仅仅是解决温饱问题，还要从政治、经济、文化、社会、生态等各方面满足城乡发展需要。党的十六大报告中，从经济、政治、文化、可持续发展四个方面界定了全面建设小康社会的发展能力的要求。具体就是"六个更加"：经济更加发展、民主更加健全、科教更加进步、文化更加繁荣、社会更加和谐、人民生活更加殷实。

在小康社会问题上有两种应该注意的倾向：看不到我国就要进入小康社会，综合国力有了很大增强，有可能又有必要集中力量办一些有力推进现代化的大事，是不对的；忘掉我国的基本国情，以为不应实行或者可以很快改变社会主义初级阶段的基本政策，更是不对的。中国特色社会主义进入新时代，我国社会主要矛盾已经转化为人民日益增长的美好生活需要和不平衡不充分的发展之间的矛盾。必须认识到，我国社会主要矛盾的变化，没有改变我们对我国社会主义所处历史阶段的判断，我国仍处于并将长期处于社会主义初级阶段的基本国情没有变，我国是世界最大发展中国家的国际地位没有变。全党要牢牢把握社会主义初级阶段这个基本国情，牢牢立足社会主义初级阶段这个最大实际，牢牢坚持党的基本路线这个党和国家的生命线、人民的幸福线，领导和团结全国各族人民，以经济建设为中心，坚持四项基本原则，坚持改革开放，自力更生，艰苦创业，为把我国建设成为富强民主文明和谐美丽的社会主义现代化强国而奋斗。

全面建成小康社会是党和国家到 2020 年的奋斗目标，是全国各族人民的根本利益所在。经过全党和全国各族人民的共同努力，20 世纪末，我国人民生活总体上开始达到小康水平，这是中华民族发展史上一个新的里程碑。自党的十六大以来，我们已经朝着全面建设小康社会的目标迈进了坚实的步伐。党的十七大顺应国内外形势的新变化和各族人民过上更好生活的新期待，把握经济社会发展趋势和规律，坚持中国特色社会主义经济建设、政治建设、文化建设、社会建设的基本目标和基本政策构成的基本纲领，在党的十六大确立的全面建设小康社会目标的基础上，对我国的发展提出了五个方面新的更高要求。党的十八大指出，发展中国特色社会主义是一项长期的艰巨的历史任务，必须准备进行具有许多新的历史特点的伟大斗争。我们一定要毫不动摇坚持、与时俱进发展中国特色社会主义，不断丰富中国特色社会主义的实践特色、理论特色、民族特色、时代特色。

龙山县里耶镇岩冲村携手奔小康路径模式

找准脱贫之路。根据岩冲村的基本情况，以494名贫困人口为主要扶持对象，以领导联村、单位包村、干部驻村、帮扶到户为手段，以提高贫困人口幸福感为根本，以改善基础设施条件为重点，以产业发展为支撑，整合资源。着力在"精准"上下功夫，抓好基层组织、基础设施、特色产业和社会民生等建设，不断改善本村生产生活条件，不断增加本村贫困农民收入，让群众得到了真正的实惠，分享到了社会发展红利，感受到了党的温暖。

扶贫成效凸显。一是人人安全用水。全村村民实现安全用水，累计建设水窖156口，户户实现有人饮水窖。二是人人出行亮化。在村主干道及人口集中区，安装路灯122盏，实现出行有照应、照亮到门口。三是人人共享服务。建设3个文化广场、公共健身场所。四是户户安全用电。农网改造覆盖全村，安装3台变压器，共450千伏安、355块电表，户户实现安全用电。五是户户住房安全。连续两年将岩冲村列为农村危房改造（见图5-3）整村推进村，加大了扶贫建房力度，累计改造、新建、修缮房屋54栋。六是户间道路硬化。全村实现主干道路硬化5公里，户间道路硬化6公里，新修产业路10公里。七是智能管理到家。

图5-3 湖南省里耶镇岩冲村驻村扶贫干部统计核实需要危房改造的农户

在村主干道、自然寨等人口密集区安装广播喇叭，让政策方便到家。八是就医就学便利。全村贫困户由财政解决150元每人的农村合作医疗费用，贫困户按85%以上进行报销。就学条件大幅改善，各种补贴、学费减免全面落实。累计救护学生60余人次，贫困救助40余人次。九是集体经济壮大。品种改良550亩，提供10万多株苗木，全村柑橘产业红红火火（见图5-4）。十是基层管理强化。驻村村支两委班子健全，村干部配备到位，严格执行扶贫工作队、村干部坐班制，实行为民服务全程办理，严格遵守驻村扶贫纪律和作风，扶贫队员和第一支书常驻扶贫村，建立健全了住宿、驻村制度和考勤登记等制度。通过三年的共同努力，2016年全村整体退出贫困村，总脱贫户123户494人。

在美丽乡村建设、产业发展等方面让老百姓全程参与，让老百姓既为演员又为裁判，成为村里的真正主人与发声者，共谋全村小康之路。通过技术指导、种植推广、销路拓宽，壮大了岩冲村的主要农业支柱产业（椪柑、脐橙、蜜橘等），壮大农业产业经济。通过通村到户道路硬化、主干道路绿化亮化、文化广场标准配齐、户户花香四溢等基础设施的配套建设，实现农村美。通过产业帮扶、转移就业等措施，让全村人民走上致富奔小康的道路。

图5-4 湖南省里耶镇岩冲村种植的柑橘

六
促进乡村全面振兴

党的十九大报告中鲜明提出了"中国特色社会主义进入新时代，我国社会主要矛盾已经转化为人民日益增长的美好生活需要和不平衡不充分的发展之间的矛盾"的重大判断。解决发展的不平衡不充分问题，就是人民群众对美好生活的向往，就是我们努力的方向，就要精心谋划写好乡村振兴这篇大文章。图6-1为湖南省里耶镇岩冲村驻村帮扶单位与镇村共同谋划乡村振兴大文章。

图6-1 湖南省里耶镇岩冲村驻村帮扶单位与镇村共同谋划乡村振兴大文章

党的十九大乡村振兴战略的提出，不仅是新农村建设战略的升级版，更是新时代乡村现代化发展的新路径。实施乡村振兴战略是在中国特色社会主义进入了新时代、我国社会主要矛盾已经发生根本变化的背景下提出的，具有十分重大的意义和丰富的内涵。乡村振兴战略要求农业必须强、农村必须美、农民必须富；任何时候都不能忽视农业、忘记农民、淡漠农村；坚持农业农村优先发展、健全城乡融合发展体制机制和政策体系、推进农业农村现代化。

（一）乡村振兴战略提出背景

乡村是具有自然、社会、经济特征的地域综合体，兼具生产、生活、生态、文化等多重功能，与城镇互促互进、共生共存，共同构成人类活动的主要空间。乡村兴则国家兴，乡村衰则国家衰。我国人民日益增长的美好生活需要和不平衡不充分发展之间的矛盾在乡村最为突出，我国仍处于并将长期处于社会主义初级阶段的特征很大程度上表现在乡村。全面建成小康社会和全面建设社会主义现代化强国，最艰巨最繁重的任务在农村，最广泛最深厚的基础在农村，最大的潜力和后劲也在农村。实施乡村振兴战略，是解决新时代我国社会主要矛盾、实现"两个一百年"奋斗目标和中华民族伟大复兴中国梦的必然要求，具有重大现实意义和深远历史意义。

我国社会发展的主要矛盾已经转变为人民日益增长的美好生活需要和不平衡不充分发展之间的矛盾。我国社会最大的发展不平衡是城乡发展不平衡，最大的发展不充分是农村发展不充分。我国的基本国情决定了农业、农村、农民问题是贯穿我国现代化建设进程始终的根本问题。党的十八大以来，我国农业农村发展取得历史性成就、发生历史性变革，为党和国家事业全面开创新局面提供了有力支撑。但我国经济社会发展中最明显的短板仍然在"三农"，现代化建设中最薄弱的环节仍然是农业农村。我国农业在国民经济中的基础地位没有变，农民是社会结构的基础没有变，农村是全面建成小康社会的短板没有变。"三农"发展面临的问题主要表现在农业供给质量亟待提高，新型职业农民队伍建设亟须加强，农村环境和生态问题比较突出，农业比较优势减弱、农村缺乏活力与动力、农民持续增收困难。没有农业现代化、农村繁荣富裕、农民安居乐业，国家现代化依旧不完整、不全面、不稳固。乡村振兴战略的提出，完全符合中国国情，是对中国当前经济社会发展的阶段性特征深入分析后得出的重大判断。乡村振兴战略的提出，既是新时代主要矛盾转化提出的新要求，又是历史交汇期发展提出的新要求。我国农业、农村、农民经过发展也迈入了战略机遇期。实施乡村振兴战略，加快推进农业农村现代化，是加快破解发展不平衡不充分难题的重要举措和根本途径，是中国特色社会主义的本质要求。乡村振兴是实现中国充分发展的必由之路，是实现中华民族伟大复兴的必然要求。实施乡村振兴战略是全面建成小康社会、基本实现社会主义现代化、建成社会主义现代化强国的需要。从党的十六大报告提出统筹城乡经济社会发展，到党的十七大报告提出加强农业基础地位，再到党的十八大报告强调城乡一体化发展，党的十九大报告提出"实施乡村振兴战略"，其中展现了从城乡统筹、城乡一体化到乡村振兴的清晰脉络。

（二）乡村振兴战略目的意义

党的十九大提出实施乡村振兴战略，是着眼于解决新时代中国发展不平衡和不充分，尤其是解决城乡发展不平衡和农村发展不充分矛盾的重大举措，具有重要战略意义。中国特色社会主义进入新时代，实施乡村振兴战略，高度契合了工业化城镇化与城乡关系演变规律，是党中央着眼于全面实现现代化而做出的重大战略部署。实施乡村振兴战略对建设现代化经济体系、建设美丽中国、传承中华民族优秀传统文化、健全现代社会治理格局和实现全体人民共同富裕，对农业农村发展具有重要的指导意义。实施乡村振兴战略，是实现农业现代化、农民生活富裕、农村和谐美丽，是"五位一体"总体布局在农村的具体落实。实施乡村振兴战略，是解决发展不平衡不充分问题的需要，是满足人民日益增长的美好生活需要的现实要求。乡村振兴战略是解决长期错综复杂的农村社会矛盾的总抓手。实施乡村振兴战略可为我国农业农村发展注入强大活力与动力、为实现城乡居民共同富裕做出重要贡献，以此消解发展的不平衡和不充分。实施乡村振兴战略是推进国家治理体系与治理能力现代化的重要战略安排，是决胜全面建成小康社会、全面建成社会主义现代化国家的重大历史任务。乡村振兴战略是对城乡关系的全新认识而做出的战略选择，是中华民族伟大复兴中国梦的必然选择。

实施乡村振兴战略，要坚持党管农村工作，坚持农业农村优先发展，坚持农民主体地位，坚持乡村全面振兴，坚持城乡融合发展，坚持人与自然和谐共生，坚持因地制宜、循序渐进。巩固和完善农村基本经营制度，保持土地承包关系稳定并长久不变，第二轮土地承包到期后再延长 30 年。确保国家粮食安全，把中国人的饭碗牢牢端在自己手中。加强农村基层基础工作，培养造就一支懂农业、爱农村、爱农民的"三农"工作队伍。精心谋划写好乡村振兴这篇大文章，要进一步完善乡村基础设施，要精心谋划乡村产业振兴，要精心谋划好人才振兴。

（三）乡村振兴战略规划实施

2018 年 9 月，中共中央、国务院印发了《乡村振兴战略规划（2018—2022 年）》，并发出通知，要求各地区各部门结合实际认真贯彻落实。《乡村振兴战略规划（2018—2022 年）》共分 11 篇 37 章。该规划以习近平总书记关于"三农"工作的重要论述为指导，按照产业振兴、人才振兴、文化振兴、生态振兴、组织振兴的乡村振兴战略总要求（见图 6 - 2），对实施乡村振兴战略做出阶段性谋划，分别明确至 2020 年全面建成小康社会和 2022 年召开党的二十大时的目标任务，细化实化工作重点和政策措施，部署重大工程、重大计划、重大行动，确保乡村振兴战略落实落地，是指导各地区各部门分类有序推进乡村振兴的重要依据。

该规划提出，到 2020 年，乡村振兴的制度框架和政策体系基本形成，各地区各部门乡村振兴的思路举措得以确立，全面建成小康社会的目标如期实现。到 2022 年，乡村振兴的制度框架和政策体系初步健全。探索形成一批各具特色的乡村振兴模式和经验，乡村振兴取得阶段性成果。到 2035 年，乡村振兴取得决定性进展，农业农村现代化基本实现。到 2050 年，乡村全面振兴，农业强、农村美、农民富全面实现。

坚持农业农村优先发展，按照产业兴旺、生态宜居、乡风文明、治理有效、生活富裕的总要求，建立健全城乡融合发展体制机制和政策体系，统筹推进农村经济建设、政治建设、文化建设、社会建设、生态文明建设和党的建设，加快推进乡村治理体系和治理能力现代化，加快推进农业农村现代化，走中国特色社会主义乡村振兴道路，让农业成为有奔头的产业，让农民成为有吸引力的职业，让农村成为安居乐业的美丽家园。

图 6-2 乡村振兴战略的总要求

七

乡村产业融合发展

（一）产业融合理论

融合是分工基础上的结合。马克思在《资本论》中不仅剖析了分工的深化会不断产生新的独立行业，还看到了分工在一定的条件下将趋于收敛，出现分工基础上的结合，这实际上就是融合思想的重要源流。随着分工的发展，产业不断细分，产业数目逐渐增多。但是，这一过程的演进始终伴随着一个相反的运动，即将某些已经分开的产业再合并到一起，原来已经形成的分工界限重新变得模糊。产业融合不是几个产业简单地相加，而是通过相互作用、相互渗透，逐渐融为一体，并显现出新的产业属性和新的产业形态。从系统论的角度看，产业是一个系统，是由技术、产品、市场、经营者等要素构成的有机整体。推动产业融合发生的主体，主要是企业，产业融合的客体是具体推动的融合对象，主要包括技术、产品和市场等。

早在工场手工业时期和机器大工业时期，就有一些天才的经济思想家捕捉到了某些端倪。例如，马克思分析描述道："正如工场手工业部分地由不同手工业结合而成一样，工场手工业又能发展为不同的工场手工业的结合。例如，英国的大玻璃工场自己制造土制坩埚，因为产品的优劣主要取决于坩埚的质量。在这里，制造生产资料的工场手工业同制造产品的工场手工业联合起来了。反过来，制造产品的工场手工业，也可以同那些又把它的产品当作原料的工场手工业，或者同那些把它的产品与自己的产品结成一体的工场手工业联合起来。例如，我们看到制造燧石玻璃的工场手工业同磨玻璃业和铸铜业（为各种玻璃制品镶嵌金属）结合在一起。在这种场合，不同的结合的工场手工业成了一个总工场手工业在空间上多少分离的部门，同时又是各有分工的、互不依赖的生产过程。结合的工场手工业虽有某些优点，但它不能在自己的基础上达到真正技术上的统一。这种统一只有在工场手工业转化为机器生产时才能产生。"① 当然，在那个分工正在快速发展且分工的发展趋势远远强于融合的时代背景下，不可能对这一与分工相反的运动做出系统的解释和说明。但是这些宝贵的思想资源，对我们今天深入研究产业融合有着十分重要的启示。

产业融合（Industry Convergence）是指不同产业或同一产业不同行业相互渗透、相互交叉，最终融合为一体，逐步形成新产业的动态发展过程。产业融合是在经济全球化、高新技术迅速发展的大背景下，产业提高生产率和竞争力的一种发展模式和产业组织形式。技术创新是产业融合的内在驱动力，技术创新开发出了替代性或关联性的技术、工艺和产品，然后通过渗透扩散融合到其他产业之中，从而改变了原有产业的产品或服务的技术路线，因而改变了原有产业的生产成本函数，从而为产业融合提供了动力。同时，技术创新改变了市场的需求特征，给原有产业的产品带来了新的市场需求，从而为产业融合提供了市场空间。竞争合作的压力和对范围经济的追求是产业融合的企业动力，企业在不断变化的竞争环境中不断谋求发展扩张，不断进行技术创新，不断探索如何更好地满足消费者需求以实现利润最大化和保持长期的竞争优势。当技术发展到能够提供多样化的满足需求手段后，企业为了在竞争中谋求长期的竞争优势便在竞争中产生合作，在合作中产生某些创新来实现某种程度的融合。放松管制为产业融合提供了外部条件，不同产业之间存在进入壁垒，这使不同产业之间存在各自的边界。美国学者施蒂格勒认为，进入壁垒是新企业比旧企业多承担的成本，各国政府的经济性管制是形成不同产业进入壁垒的主要原因。管制的放松导致其他相关产业的业务加入本产业的竞争中，从而逐渐走向产业融合。产业融合的结果是出现新的产业或新的增长点。农村一二三产业通过融合发展，将出现诸如休闲农业、观光农业、采摘农业、工业化农业、信息化农业等新产业

---

① 《马克思恩格斯全集》第 44 卷，人民出版社，2001，第 402～403 页。

形态，实现产加销一体化、农工贸一条龙等新产业模式，提供更多就业岗位，延伸农村产业价值链，让农村产业增值空间最大化。

（二）农村"三产"融合

从国内外的发展实践经验来看，农村一二三产业融合发展是指各类农业产业组织以农业为基本依托，通过产业联动、产业集聚、技术渗透、体制创新等方式，将资本、技术以及资源要素进行跨界集约化配置，打破农产品生产、加工、销售相互割裂的状态，使农业生产、农产品加工和销售、餐饮、休闲以及其他服务业有机地整合在一起，延伸农业产业链条、完善利益机制，使得农村一二三产业之间紧密相连、协同发展，最终实现农业产业链延伸、产业功能拓展、产业新形态形成、农民就业岗位增加、收入提升，形成各环节融会贯通、各主体和谐共生的良好产业业态。很显然，以农业为基本依托，推进一二三产业融合发展，有利于农民分享一二三产业融合发展中带来的红利，有利于吸引现代要素改造传统农业实现农业现代化，有利于拓展农业多功能培育农村新的增长点，有利于强化农业农村基础设施互联互通促进新农村建设。

农村一二三产业融合发展，让农业"接二连三"是现代农业的本质特征，是经济发展的必然趋势。农村一二三产业融合发展就是要在做强农业的同时，通过有效的组织方式和紧密的利益联结机制，把农村一二三产业紧密结合起来，融为一体，相互促进，实现共赢。进入 21 世纪后，随着我国城镇化和工业化的快速推进，农业农村基础设施不断完善，信息化技术快速应用，全国各地开始出现农业与二三产业融合发展的倾向。例如，在城镇郊区发展观光农业、休闲农业、都市农业；在发达地区发展信息农业、设施农业；在农产品主产区，发展高端增值农业，建立农产品加工基地，设立农产品直销地；等等。

（三）农旅文融合

农业产业与其他产业交叉型融合发展是指农业产业随着发展跨越传

统农业产业边界,与其他产业相互改变产业链的过程,同时,另一产业的无形要素也跨越其产业边界应用到农业产业,对相应功能模块进行创新的过程。农业与其他产业(这里以旅游文化产业为例)交叉融合能够激发农业的多种功能,如乡村生态休闲、旅游观光、文化教育、农业体验、农村服务业等,让农村一二三产业融合发展成为农耕文化的传承体。图7-1为农业产业与旅游文化产业交叉融合模式。

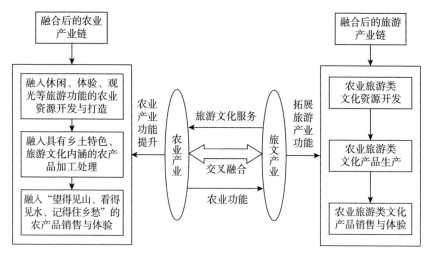

图7-1 农业产业与旅游文化产业交叉融合模式

农业产业基于资源平台将其农业休闲、体验、观光等新功能应用到旅游产业的产业链中,从而产生了农业旅游类产品,随着该农业旅游类产品及其衍生农业产品的丰富和发展,旅游产业链的其他环节也发生了改变,并逐渐发展为以农业旅游类资源开发为导向,以具有乡村特色的旅游文化产品生产、销售与体验为基础的农业旅游产业链。同时,旅游产业将其旅游文化、旅游宣传、游客消费等功能应用到农业产品中,打造"望得见山、看得见水、记得住乡愁"的农产品销售与体验,从而提升农产品的文化内涵和吸引力,满足了体验游、休闲游的需求。

下　篇

乡村振兴的衔接模式：农旅文融合发展

八
湖南省里耶镇岩冲村农旅文融合发展
助推乡村振兴

（一）岩冲村村情与资源禀赋

湖南里耶古镇地处湘鄂渝三省（市）边区的酉水河畔，湖南省湘西州龙山县最南端，镇域总面积259.2平方公里，人口4.46万，镇区规划面积28.5平方公里，以土家族为主的少数民族人口占71%，为湘西四大名镇之一。里耶古镇拥有厚重的历史文化、奇特的自然风光、浓郁的民族风情、良好的农牧业生态；具有旅游资源品位高、特色浓、内容丰富、禀赋优良、品牌响亮的优势。2002年6月，里耶古城遗址的发现和3.74万余枚秦简的出土，举世瞩目，被誉为21世纪以来中国最重要的考古发现之一，有"北有西安兵马俑，南有里耶秦简牍"的美誉。遵照党中央、国务院必须"保护好、研究好、管理好、利用好"的指示和省委、省政府"全面保护、抓紧开发、充分利用"的要求，按照"打造龙头，形成合力，延伸产业链，塑造大旅游"的发展思路，以里耶古城景区建设为龙头，以土家族原生态特色旅游区建设为纽带，将里耶融入大武陵片区旅游圈，实现将里耶古城建成大武陵地区生态文化核心旅游目的地及国际国内知名旅游目的地的目标。围绕把里耶建设成为国家级风景名胜区、世界文化遗产地、世界旅游目的地这一总体目标，着力打造以里耶古城（秦简）博物馆、里耶古城遗址为代表的秦文化，以里耶明清古街为代表的商埠文化，以八面山为代表的生态文化，全面抓紧做好里耶生态文化旅游开发工作。"十三五"期间，里耶古城景区、八面山景区和惹巴拉景区共拟开工建设22个项目，总投资达55亿元。

湖南省龙山县岩冲村与里耶古镇隔水相望，海拔在300～450米，总面积约6平方公里，属典型的喀斯特地貌。全村8个村民小组301户1231人，劳动力660余人，贫困数为123户494人（2016年12月底数据），贫困户占总户数的41%，贫困人口占总人口的40%，贫困程度高。民风浓郁，土家族人口占95%以上，是酉水河畔典型的土家族聚居区，是龙山县南边地区柑橘主导产业村，柑橘种植面积 1600 多亩，产业发展后劲强。2014 年岩冲村确定为县委书记（县委办）扶贫工作联系点（见图 8-1）。从此，县委书记、县委办全体干部职工与岩冲村的贫困老百姓心连心、手携手，铆足干劲、力争上游。自 2014 年以来，岩冲村群众以"扶贫苦抓、社会苦帮、群众苦干、以苦为乐、变苦为甜"的"五苦精神"，展开了一场反贫困斗争，取得了突破性的进展。

图 8-1　湖南省龙山县委办驻村扶贫联系点——里耶镇岩冲村

里耶镇岩冲村充分结合拥有的柑橘产业资源禀赋优势、所处地理区位优势，成立代表农民、为农民说话、替农民争利的中间组织——专业合作社，推行"党支部 + 合作社 + 社员"模式，探索适合本村的"三变"模式，支部书记任合作社监事会主席，社员推荐社员中的能人任合作社理事长，总经理从社员中产生或者外聘，共同打造"一村一品、一乡一业"，实现了柑橘整个产业链的利润增加，且最大化惠及村民。在发展壮大柑橘产业的过程中充分利用紧靠里耶集镇拥有的里耶明清古街、里耶古城、里耶秦简博物馆、里耶秦简古遗址等文化资源及深厚的文化资源和旅游资源，发挥农业多功能性，发展乡村度假游、周末亲子游、体验采摘游等系列"农业 + 文化 + 旅游"融合发展模式，促进柑橘产业与旅游和文化产业融合发展，提升农产品附加值，把就业、效益、收入留在农村。

（二）助力乡村振兴模式与经验

1. 精准脱贫筑牢乡村振兴基础

从 2014 年开始，根据村内的基本情况，以 494 名贫困人口为主要扶持对象，以领导联村、单位包村、干部驻村、帮扶到户为手段，以提高贫困人口幸福感为根本，以改善基础设施条件为重点，以产业发展为支撑，岩冲村着力在"精准"上下功夫，抓好基层组织、基础设施、特色产业和社会民生等建设，不断改善全村生产生活条件，不断增加全村贫困农民收入，使其最大程度分享社会发展红利。短短 3 年时间，多措并举宣传政策，真抓实干一线落实，做到了"六个精准"，精准扶贫扶到了点、扶到了根。通过 3 年的共同努力，2016 年全村整体退出贫困村，总脱贫户 123 户 494 人（2016 年 12 月数据），人民群众得到了真正的实惠，分享到了社会发展红利，感受到了党的温暖。人人安全用水。累计建设水窖 156 口。人人出行亮化。安装路灯 122 盏。人人共享服务。建设文化广场、公共健身场所 3 个。户户安全用电。农网改造覆盖全村，安装变压器 3 台，共 450 千伏安。户户住房安全。累计改造、新建、修缮房屋 54 栋。道路硬化。全村实现主干道路硬化 5 公里（见图 8－2），户间道路硬化 6 公里（见图 8－3），新修产业路 10 公里。智能管理到家。在村主干道、自然寨等人口密集区安装广播喇叭。就医就学便利。全村贫困户由财政解决 150 元每人的农村合作医疗费用。集体经济壮大。品种改良 550 亩，提供 10 万多株苗木，全村柑橘产业红红火火。基层管理强化。驻村村支两委班子健全，村干部配备到位，严格执行扶贫工作队、村干部坐班制，实行为民服务全程办理。夯实乡村振兴基层基础。

图 8 - 2　湖南省里耶镇岩冲村硬化后的道路

图 8 - 3　湖南省里耶镇岩冲村的户间道

2. 思路清晰布局乡村振兴远景

乡村振兴的五个目标中,产业振兴是源头、是基础。乡村振兴发展需要产业的带动,只有产业兴旺了,乡村才能聚拢人气、带动产业的发展。而我国许多县域缺乏农业产业的支撑,大多数乡村只有种养环节,加工、流通等都到了城市。怎么推动乡村产业的发展，引领一个地方特别是一个村的产业振兴？为了实现岩冲村的产业兴旺，全村干部认同了三个必须：第一，必须立足于现代农业发展强基础；第二，必须面向新产业新业态谋发展；第三，必须坚持以农民增收、消除贫困、致富奔小康为导向。梳理了一条主线：以政府为引导，在岩冲村域内，由村两委主导发起，乡贤和骨干村民带头自觉自愿参与，组建与农村土地集体所有制及统分结合双层经营体制相匹配的"三位一体"综合性服务组织（合作社），以"三起来"（农民组织起来、资源集约经营起来、产权交易起来）促"三变"（资源变资产，资金变股金，村民变股民），激发岩冲村内生动力。立足利用产业链、生态价值链理念，充分利用农村具有的特色生态资源，有针对性地选择柑橘特色产业，定位农旅文融合发展路径，充分挖掘农业的生态价值、旅游价值、民族文化价值，实现集体增效、农民增收。让柑橘产业成为有奔头的产业，让岩冲农民成为有吸引力的职业，让岩冲成为安居乐业的美丽家园。图8-4为湖南省里耶镇岩冲村村民分红现场。

图8-4　湖南省里耶镇岩冲村村民分红现场

3. 广纳民意汇集乡村振兴建议

根据岩冲村的基本情况，以 84 户 320 人（2017 年动态调整之后数据）为主要帮扶对象，县委办驻岩冲村扶贫工作队统一思想、严抓实干，通过"火炉会"、"院坝会"、"代表会"、横幅、展板、宣传栏、公示牌等多种方式方法与全村百姓融为一起，与他们零距离、心换心沟通，做到彼此"听真话""听实话""讲真话""讲实话"。工作队成员认真宣传各种政策，耐心解答回复老百姓各种诉求，让全村百姓在火炉前、院坝中、集中点详知各项帮扶惠顾政策，深得全村百姓好评。在美丽乡村建设、产业发展等方面让老百姓全程参与，献计献策，共谋发展。重点围绕柑橘、脐橙、养殖等产业，突出能人带动、平台搭建、抱团发展，走出一条市场化致富奔小康的新路子。图 8 - 5 为湖南省里耶镇岩冲村驻村扶贫干部与村支两委商议巩固脱贫成效工作。

图 8 - 5　湖南省里耶镇岩冲村驻村扶贫干部与村支两委商议巩固脱贫成效工作

4. 搭建平台支撑乡村振兴载体

构建合作社。岩冲村合作社由老人社员、乡贤社员、党员社员、建档立卡户社员、柑橘大户社员、存款社员、企业社员、普通社员、房屋社员、土地社员组成（见图8-6），社员（代表）大会是最高权力机构。合作社下设党小组、理事会、监事会三个执行管理部门，理事会下设办公室、资金互助部、联合购销部、产业服务部、社区服务部、财务部，共同负责合作社日常工作；监事会监督合作社工作；党小组组织指导合作社工作。合作社收益中，15%用于老人社员分红，15%用于建档立卡户分红，15%作为公积公益金，15%作为风险金，10%作为管理费，30%用于其他社员分红，每年农历腊月二十三召开分红大会。

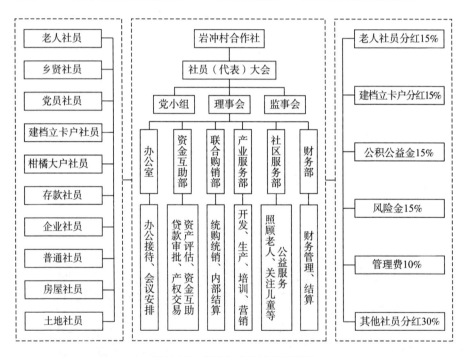

图8-6　岩冲村合作社组织架构

　　以需求为导向。对不同村民、村民组织、党委和政府的需求进行调查评估，以需求为导向确定合作社的功能，以满足各类人群的需求，争取村民最广泛的参与。以需求定资金规模，以优先股的方式在老人社员或乡贤社员中筹集。以巩固村社共同体利益为根本目标，坚持村社利益共同体原则，促进村庄做好经济发展、社区建设和社区治理，实现产权、财权、事权和治权"四权统一",使村社土地集体所有制和集体经济、统分结合双层经营体制、党支部领导下的村社利益共同体成员民主自治名副其实。以在内部成员中封闭运行为基本原则。村社共同体内的合作社成员的信用是以村社为边界,合作社成员的成员权、份额地权、承包权等也只能在村社合作社中作为有效抵押品。以老人小组审批贷款为管理基础。村社内部金融的管理实行党小组组织指导、理事会执行,监事会监督下的理事长负责制。以政府资金和乡贤敬老资金为种子资金。以政府种子资金引导乡贤注入敬老资金,撬动村民入社资金。以地权抵押作为安全底线。除运用村社熟人社会的社会资本提高信用安全外,把村社成员的地权抵押作为合作社信用安全的基础保障。以乡贤和老人社员为核心社员。合作社有多种社员,但以乡贤社员和老人社员为核心社员。理事会和监事会主要由乡贤构成。以服务为重点。家庭进行生产比合作社进行生产更有优势。合作社专注于服务,不把合作社的钱直接投入生产,是合作社降低经营风险的最有效办法。合作社可以有效解决社员的贷款难问题,有效规避金融机构在农村进行无抵押贷款时的高成本和高风险。其核心是建立起与产权相适应的制度体系,能够使社员土地产权(成员权、承包权、经营权)抵押结款。通过真正的合作社建设,加快美丽乡村建设,建立巩固脱贫成效长效机制,实现2020年共赴小康的目标。

5 落地落实农旅文融合助推乡村振兴

深入贯彻创新、协调、绿色、开放、共享的发展理念,结合扶贫村资源禀赋,在吃透政策的前提下大力推进农业现代化和农旅文融合发展,让从"输血"到"造血"不是口号。坚持农业主体地位,将增进农民福祉作为农业农村工作的出发点和落脚点,用适应新常态发展的理念破解岩冲村"三农"新难题,厚植农业农村发展优势,转变农业发展路径与方式,确保农业稳定发展和农民持续增收。

完善基础设施建设,打造组级或者自然寨的美丽风景(见图8-

7），硬化庭院及农户房前屋后空地，打造竹篱笆围栏，种木槿、找篾匠、买竹子，修建成竹篱笆、木槿墙，既保持农村风格原貌，体现农村特色，又美丽温馨。积极策划和制作简单实用的村情简介卡、美丽建设宣传单、宣传册，在入村口、村部等处放置高标准美丽湘西建设精品村宣传牌，组建村内土家文化活动队伍，如摆手舞队、龙灯队、舞狮队，将美丽乡村创建与岩冲土家文化有机结合起来，并通过各种方式宣传推介。充分利用精准扶贫、乡村振兴等系列政策，通过技术指导、种植推广、销路拓宽，发展休闲农业、亲子农业等多功能农业，推进农村一二三产业融合发展，发展岩冲村的农业支柱性产业，壮大农业产业经济和旅游经济，实现农业强、农民富。全村发动、全员参与，通过通村到户道路硬化、主干道路绿化亮化、文化广场标准设施配齐、户户花香四溢等的配套建设，打造农村的宜居环境。

图 8 – 7　湖南省里耶镇岩冲村的美丽风景

九
湖南省十八洞村农旅文融合发展助推乡村振兴

十八洞村隶属于湖南省湘西土家族苗族自治州，位于湖南省西北部，武陵山脉中段。十八洞村全村总面积 14162 亩，耕地面积 817 亩，全村人均耕地仅有 0.83 亩，林地面积 11093 亩，森林覆盖率 78%。全村辖 4 个自然寨，6 个村民小组，225 户 939 人，属纯苗聚居区，苗族风情浓郁，苗族原生态文化保存完好。2016 年 11 月，十八洞村被中华人民共和国住房城乡建设部等部门列入第四批中国传统村落名录公示名单。2017 年 11 月，十八洞村获评第五届全国文明村镇。2017 年 11 月，荣获 2017 年名村影响力排行榜 300 佳。2018 年 10 月 8 日，经地方推荐和专家审核，农业农村部拟将十八洞村推介为 2018 年中国美丽休闲乡村。2018 年 11 月，获得中国生态文化协会"2018 年全国生态文化村"荣誉称号。

（一）地理环境

十八洞村位于素有花垣"南大门"之称的排碧乡西南部，紧临吉茶高速、209 国道和 319 国道，距县城 34 公里，距州府 38 公里，距矮寨大桥 8 公里，距高速出口 5 公里，该村地处高寒山区，冬长夏短，属高山熔岩地区，海拔 700 米左右，生态环境优美。

（二）资源禀赋

十八洞村拥有莲台山林场、黄马岩、乌龙一线天、背儿山、擎天柱等景点，特别是十八溶洞，洞洞相连，洞内景观奇特，神态各异，巧夺天工，被誉为"亚洲第一奇洞"，十八洞村也因此而得名。辖区内瀑布纵横，枯藤老树，鸟语花香，高山峡谷遥相呼应，苗家阿妹歌声在幽谷回荡，恰似远看寒山石径斜，白云深处有人家①的仙境。村子拥有深厚的苗族文化底蕴、独特的苗家饮食，苗族风情浓郁，苗族原生态文化保

---

① 此处作者认为这样写更合适。

存完好。每到春节，这里便有抢狮、接龙、打苗鼓等传统习俗；每逢赶秋节，这里便组织西瓜节、舞龙、上刀梯、椎牛、唱苗歌等活动。村子有苗绣、蜡染、花带、古花蚕丝织布等文化旅游产品；有十八洞腊肉、酸鱼、酸肉、野菜等多种绿色食品；有上刀梯、踩哗口、巴代、定鸡等苗族绝技，可谓资源丰富。

（三）经济状况

2013 年，十八洞村人均纯收入仅有 1668 元，以种植水稻和烤烟为主。2013 年 11 月 3 日，习近平总书记考察十八洞村，首次提出"精准扶贫"概念。之后，十八洞村在各级领导的支持与指导下，得到了快速发展。村里铺上了沥青路，修起了游道和护栏，房屋修缮一新，换了一幅新面貌。烤烟由 2013 年的 100 多亩发展到 2016 年的 318 亩，猕猴桃开发近 1000 亩（见图 9 - 1）。以花垣县苗汉子合作社为依托，采取"公司 + 农户 + 基地"形式，发展野生蔬菜 110 亩，已经落实种植面积 41 亩；225 户村民每户房前屋后完成 10 株冬桃种植。

图 9 - 1　湖南省十八洞村种植产业

跳出村里发展猕猴桃产业，是十八洞村创新扶贫模式的生动实践。以股份合作扶贫的新模式，发展猕猴桃产业1000亩，其中在十八洞村境内流转100亩土地建设精品猕猴桃示范基地；跳出十八洞在道二乡的花垣县现代农业科技示范园流转900亩土地，建设十八洞村猕猴桃辐射基地，农户以入股的方式受益。十八洞村做到了发展一种产业，培育一家专业合作社，带动一片农户。

（四）脱贫经验

2013年11月3日，习近平总书记来到十八洞村考察，做出了实事求是、因地制宜、分类指导、精准扶贫的重要指示。自此，十八洞村成了全国精准扶贫的首倡地，开启了精准脱贫的征程——强化组织引领，激发群众干劲，找对脱贫产业。2017年2月，十八洞村全部贫困人口脱贫。2018年，全村人均纯收入增加到12128元，而5年前只有1668元。如今，在湘西州，以十八洞村为样板，一条可复制可推广的精准扶贫好路子不断延伸……截至2018年底，湘西州1110个贫困村累计退出874个，66万贫困人口累计脱贫55.4万人，一幅脱贫致富的宏伟画卷，正在湘西州的青山绿水间展开。

1. 配强班子，发挥组织力量

习近平总书记提出要切实落实领导责任、切实加强基础组织、增强内生动力。花垣县委县政府以驻村扶贫工作队、村支两委和青年民兵突击队建设为载体，以转变观念、提升群众思想道德水平为方向，形成了"党建先行，增强内生动力"的经验。精选驻村扶贫工作队。2014年1月，花垣县委组建成立十八洞村精准扶贫工作队，长年驻村开展工作。十八洞村的扶贫，抓住了增强基层党组织建设这个关键。

2014年以前，十八洞村党支部班子成员只有3个人，20世纪90年代以后入党并且留守村里的党员屈指可数。2014年和2017年，十八洞村两次换届选举，把党支部班子成员年龄降下来，能力提上去；工作队协助组织召开选举大会，推选年轻有为的大学生村官担任村支书，推选致富能手担任村主任、村支两委成员。发动党员干部带头，筑牢了基层党组织的坚强战斗堡垒，把党员队伍发展起来，力量发挥出来。书记带领支部，支部建设小组，小组团结村民。工作队进村挨家串户访贫问苦，与村民同吃、同住、同工作，真正发挥了"火车头"的作用。工作队和村支两委把村里20多名在家的年轻人组织起来，组建"十八洞村青年民兵突击队"，帮助村里欠缺劳力的农户编竹篾条、糊泥巴墙、铺青石板，使全村"五改"工程稳步推进。图9-2为"五改"后的湖南省十八洞村。如今，十八洞村产业兴旺、乡村旅游、公共服务、夕阳红4个党小组将全村900多名村民紧紧团结在一起。

图9-2　"五改"后的湖南省十八洞村

以支部建设为基础，发挥党员先锋模范作用，湘西全州在脱贫路上使对了劲。在产业党小组的带领下，湘西州的猕猴桃、茶叶、黑木耳等扶贫产业搞得有声有色，产业大有起色，基础设施短板也补了上来。

2. 规划引领，实施精准发力

精准扶贫的核心内容是"六个精准"，解决"四个问题"。十八洞村在深刻理解上述精准扶贫核心内容的基础上，以规划为引领，通过制定全村整体发展规划、扶贫脱贫项目规划和农户个体脱贫规划等系列规划，精准发力。

首先，做好全村整体发展规划。工作队严格遵循习近平总书记提出的精准扶贫"可复制、可推广"六字原则，为十八洞村制定了《十八洞村精准扶贫精准脱贫规划》。

其次，做好扶贫脱贫项目规划。在全村整体发展规划的统领下，十八洞村结合"五个一批"制定了一系列相互支撑的扶贫脱贫项目规划。

最后，做好农户个体脱贫规划。在全村整体发展规划、扶贫脱贫项目规划的基础上，工作队通过精准识别，根据每户贫困户的致贫原因、实际困难，按照"五个一批"的要求，将贫困户落实到具体的扶贫项目中，为贫困户制定个体脱贫规划。

3. 机制创新，确保脱贫成效

十八洞村为了切实做到精准扶贫，在"扶持谁、怎么扶"方面进行了积极探索，也形成了一些可借鉴的经验。

"七步法 + 九不评 + 道德星级评价"的精准识别经验。扶贫工作队驻村帮扶以来，认真入户调查核实并结合实际制定了《十八洞村精准扶贫贫困户识别工作做法》，制定"十八洞村贫困农户识别九个不评"标准。按照七步程序进行申请，并张榜公布结果。同时，探索思想道德星级管理模式。以组为单位，每半年组织召开一次全体村民大会，与会人员从支持公益事业、遵纪守法、社会公德等六个方面进行公开投票，当场宣布评选结果。评选结果定期在全村大会上公开表彰，激励先进，实行挂牌管理。

"短中长兼顾 + 异地化 + 市场化 + 组织化"的产业扶贫经验。一是产业布局中短期、中长期兼顾。工作队确定了以猕猴桃种植、黄牛养殖、苗绣加工、劳务输出经济、乡村旅游五大产业为主的发展思路。其中，劳务输出经济、苗绣加工、农家乐乡村游等为短期扶贫产业，猕猴桃种植、黄牛养殖、红色旅游以及十八洞景区旅游等为中长期产业。二是异地化产业发展模式。在花垣县国家农业科技示范园里流转土地近1000亩发展猕猴桃（见图9-3）产业，并组建果业公司，对猕猴桃产业进行公司化运作。然后，以同样的模式发展十八洞村山泉水厂、水电站、酒厂等。三是市场化方式创新。十八洞村率先在湘西州推行电商扶贫，同时与本地电商领头羊企业盘古电商开展合作、搭建"湘西为村"网络平台等，积极开拓农副产品市场和品牌培育。四是提升组织化程度。组建苗绣、牧业等9个农民专业合作社组织，并探索股份合作扶贫，组建花垣县十八洞村苗汉子果业有限责任公司发展猕猴桃产业。

图9-3　湖南省十八洞村种植的猕猴桃

"全域规划 + 全民参与 + 五个统一"的旅游扶贫利益联结经验。一是坚持全域规划。在国务院扶贫办和国家旅游总局的关心下，将十八洞纳入全县旅游"五大景区"总体布局；同时，依托丰富的旅游资源和浓郁的民族文化，引入外部企业开发十八洞村"红色旅游""神秘苗寨""峡谷溶洞游"等。二是全民参与开发。推出苗家腊肉、农家豆腐、苗鱼、苗鸭等民族特色餐饮；按照"修旧如旧"原则，进行景区民居改造，实施改厨、改厕、改浴等"五改"工程，建成村级游客服务中心等景区配套设施；开发苗族"三月""赶秋""过苗年"等传统节庆活动。三是"五个统一"。村里成立游客接待服务中心，对"农家乐"实行统一接团、统一分流、统一结算、统一价格、统一促销"五统一"管理模式。"农旅文"开发结合方面，采取"企业＋基地＋贫困户＋村集体＋观光体验旅游"的模式，统一运营。

4. 要素整合，形成扶贫合力

在 2015 年减贫与发展高层论坛的主旨演讲中，习近平总书记强调，我们要广泛动员全社会力量，支持和鼓励全社会采取灵活多样的形式参与扶贫，即在回答"谁来扶"和"怎么扶"的问题上，要做到切实强化社会合力。十八洞村精准扶贫、精准脱贫成效显著，与整合社会扶贫力量、统筹扶贫资源、形成扶贫合力不无关系。具体体现在如下三个方面。

（1）扶贫机构协同。十八洞村充分发挥了工作队、村支两委、民兵突击队的基层组织作用，以规划为蓝本、项目为载体，主动协调各级各部门的扶贫政策、扶贫资源，使各部门的扶贫工作在十八洞村有序开展，释放协同效应。

（2）扶贫资金统筹。第一，十八洞村的建设资金由相关职能部门向上"争资上项"，鼓励爱心企业捐资建设，同时大力招商引资。第二，积极与县农村商业银行对接、合作，发放小额信贷。第三，通过以财政扶贫资金、农户入社资金、无偿社会帮扶资金或捐赠资金、占用费转入本金"四位一体"的聚资方法，发展壮大村级"互助金"规模。

（3）社会力量整合。移动、联通、电信公司以及银行、邮政局在村里建立了村级电商服务站、村级金融服务站、村级邮政便民服务站。湖南盘古电子商务有限公司在村里建设了电子商务平台，解决了农副产品对外营销难题。借助中国邮政的"邮三湘"网络平台，向游客销售村内 4060 株桃树的采摘权，与五新公司等四家公司签订苗绣订单协议，为苗绣合作社提供稳定销路。引入首旅集团华龙公司、北京消费宝公司，斥资 6 亿元打造以十八洞村为核心的旅游景区，实现乡村旅游"升级"。

（五）重要启示

十八洞村的巨变为精准扶贫、精准脱贫提供了一个鲜活的样本，十八洞村的实践是深刻理解精准扶贫思想内涵，切实践行精准扶贫方略的具体行动，严格按照习近平总书记探索"可复制、可推广"经验的要求，积累了不少可复制、可推广的经验，同时，也为继续推进精准扶贫、精准脱贫实践，构建扶贫脱贫的"中国模式"带来以下启示。

1. 全面把握精准扶贫内涵，协同推进精准扶贫

"精准扶贫"是习近平同志在新的时代背景、历史条件和我国减贫发展新阶段提出的脱贫攻坚基本方略。十八洞村的实践表明，精准扶贫、精准脱贫的关键在于全面把握精准扶贫思想内涵，把"四个问题""五个一批""六个精准""四个切实"看作"精准扶贫"方略的有机构成部分，同时加以协同推进，不折不扣地以"四个切实"和"六个精准"为标尺，依托"五个一批"，解决"四个问题"。

2. 因地施策制定减贫方案，"扬长补短"

十八洞村的脱贫实践严格遵循了习近平总书记"因地制宜、实事求是、分类指导、精准扶贫"的方针。工作队在反复调研、征询多方意见的基础上制定了十八洞村的整体发展规划，确立了"人与自然和谐相处、建设与原生态协调统一、建筑与民族特色完美结合"的发展原则，基础设施完善、人居环境改造保持苗寨原有的景观风貌，彰显苗乡民族文化特色，依托自然风光、民族文化特色等，发展乡村旅游、苗绣加工、猕猴桃种植、黄牛养殖、劳务输出经济"五大支柱"产业。同时，积极整合社会扶贫力量、统筹社会扶贫资金、协同各级各类扶贫主体，借助外力弥补自身在减贫和发展中面临的设施滞后、资金短缺、人才缺乏的短板，真正做到"扬长补短"。可见，十八洞村的巨变不是

偶然的，也不是个案，而是在精准扶贫思想和方略的指导下，因地施策制定减贫方案、"扬长补短"实施减贫的必然结果。

3. 农旅文融合发展，创新脱贫模式方式

十八洞村在精准扶贫实践中"跳出十八洞发展十八洞"、全域旅游规划、增强内生动力、整合社会扶贫力量、短中长期产业组合布局以及"把乡村建设得更像乡村"等方面的成功探索表明，精准扶贫、精准脱贫还应通过创新突破时空局限，正确处理好以下四组关系。

（1）外部帮扶与内生发展的关系。十八洞村在内生动力挖掘方面，通过党建先行、精选驻村工作队、加强村支两委建设、组建民兵突击队和思想道德星级管理探索，转变了村民观念，增强了内生动力；在外部帮扶方面，通过协同各级各类扶贫主体、统筹扶贫资金、整合社会力量，把外部帮扶的效应发挥到极致。最后，通过"扬长补短"的方式将两者有机结合起来，真正实现了外部帮扶和内生发展的协同推进，最终走上了可持续发展的道路。

（2）短期扶贫与长期脱贫的关系。十八洞村产业扶贫经验表明，要处理好短期扶贫和长期脱贫的关系。十八洞村在产业布局上注重短中长期组合，以"立竿见影"的短期产业帮助农民增收，增加村民的信心和资金积累，以具有竞争力和自生能力的中长期产业发展，提升村民的发展能力，确保长期脱贫。

（3）"点"脱贫与"面"发展的关系。十八洞村"跳出十八洞村发展产业"，将乡村旅游规划纳入全县旅游"五大景区"总体布局的做法值得借鉴。这种跳出"点"，将"点"纳入"面"中进行发展的思路，能有效激活"点""面"之间发展的协同效应，在"面"的发展中确保"点"的持久脱贫。

（4）"传统"特色与"现代"文明的关系。十八洞村在精准扶贫实践中坚持"人与自然和谐相处、建设与原生态协调统一、建筑与民族特色完美结合"的原则，"把乡村建设得更像乡村"；同时又以电子商务、采摘权转让等现代文明手段实现脱贫致富的做法，为处理好"传统"特色与"现代"文明的关系树立了标杆。图 9 - 4 为实现农旅文融合发展的湖南省十八洞村。

图 9 - 4　实现农旅文融合发展的湖南省十八洞村

4. 激发内生动力，打赢脱贫攻坚战

开设道德讲堂，评选"最美脱贫攻坚群众"，扶贫干部持之以恒做思想工作，湘西出实招、下硬功，激发贫困群众内生动力。春风化雨，渐渐地，贫困群众富了，干劲足了。因地制宜发展扶贫产业，村有当家产业，户有增收项目，夯实稳定脱贫基础。循传统，不守旧，村里改变思路，利用本地得天独厚的文化资源，发展旅游产业，联手打造景区，通过吸纳就业、资源股份分红等方式，带动更多贫困户迈向小康。"一村一品""一乡一特""一县一业"，该大则大，宜小则小，湘西因地制宜，精心布局扶贫产业。现在的湘西，每个贫困村都有 1 个以上当家产业，每户贫困户都有 1 个以上增收项目，夯实了稳定脱贫的基础。湘西2/3 以上贫困人口通过产业带动实现增收脱贫，83% 的贫困村集体经济收入达到每年 5 万元以上。精准扶贫首倡之地当有首倡之为，湘西保质保量地打赢了这场精准脱贫攻坚战。

十
河南省郝堂村农旅文融合发展助推乡村振兴

　　一会儿是雨，一会儿是雪，在去往一个豫南小村的路上，水汽淋漓，云山苍茫。这个小村，叫郝堂。

　　郝堂村位于河南省信阳市平桥区五里店办事处东南部，西边紧邻浉河区，南边与罗山县接壤。郝堂村是豫南山区的一个典型村落，全村面积约20.7平方公里，是平桥区面积最大的一个村，共有18个村民组，620户，2300人。郝堂村距信阳主城区20公里，约半小时车程。便捷的交通和优越的区位为郝堂的发展提供了得天独厚的条件。村里人说，郝堂很好找，春天跟着映山红和紫云英走，夏天找荷花（见图10-1），秋天遍地野菊带路，冬天最醒目的是那些百年老树……

　　2011年，平桥区委、区政府将郝堂村列为可持续发展实验村，探索新农村建设。2013年，郝堂村被住建部列入全国第一批12个“美丽宜居村庄示范名单”，被农业部确定为全国“美丽乡村”首批创建试点乡村。作为信阳市农村可持续发展项目试点村，郝堂村将绿色发展、绿色生活理念融入乡村建设中，坚持用最自然、最环保的方式来建设和改造村庄，并定下了“三尊重”与“四不”的原则，即尊重自然环境、尊重村庄发展规律、尊重群众意愿，不挖山、不砍树、不扒房、不填塘，走的是“政府引导，专家参与，村民自愿，就地改造”的路子。

图10-1　河南省信阳市郝堂村荷花池

很多村，生怕像农村，喜欢搞撤村并居、大拆大建，"去农村化"毫不含糊，越变越像缩小版的城市。郝堂，就怕不像农村。坚持不扒房，只修复，留下自然发展的痕迹。维护村庄原有环境，大树不砍，河塘不填，邻居还是原来的邻居。守住村子原有的魂儿，改造成一个升级版的农村。

别的村，追求把房屋建得漂亮，恨不得成为又一个"周庄"，旅游立村，"是让外面人来看的"。郝堂，则是围绕让村里人的小日子过好来建的，"说白了就不是让外面人来看的"。改水、改厕、改厨、改房，建学校、卫生室、图书馆，不粗制滥造，不短视功利，该现代的现代，该传统的传统。头顶"中国最美休闲乡村"的光环，郝堂建的是家园、共同体，老百姓过的是小日子，"被旅游"只是意外收获。别的村，去一次未必再去，可郝堂来过还想来。比不得水乡小镇，比不得黛瓦古村，郝堂村让人们看到了什么？

"前三十年看小岗，后三十年看郝堂。"虽是一家之言，却也一语道破："最美"郝堂，美在"村"，美在激活乡村价值、有尊严、有自信，美在一种"既有疼痛，也有憧憬，蕴含着未来和希望"的感动。

（一）资源禀赋

郝堂村属于亚热带向暖温带过渡区，常年日照充足，年平均气温15℃。海拔在 95～120 米，地势起伏较大，夏季炎热，冬季干燥，雨热同期，降水量充足，属于北亚热带过渡区，村域面积为 20 平方公里，降雨丰沛，年平均降雨量 900～1400 毫米，空气湿润，相对湿度年均77%，四季分明。春季天气多变，阴雨连绵；夏季高温多雨，降水充沛；秋季凉爽，天高云淡；冬季气候干冷，瑞雪丰年。全村林地资源丰富，人均山林面积 1 公顷，百年树龄的榆树、臭椿树、枫杨、板栗较多。村民主要从事种植业和畜牧业，主要种植小麦和水稻，经济作物以茶叶、板栗等为主。郝堂村拥有 2 万亩生态茶山，主要茶叶为信阳毛尖；拥有 1 万亩板栗园。山林 22000 亩，植被丰富，有国家级野生猕猴桃保护区。农产品丰富，盛产葛根、莲藕和蜂蜜等。村内人文资源丰富，不仅有民国时期河南省省长陈善同故居，也是著名作家白桦和叶楠的故乡。图 10 - 2 为河南省信阳市郝堂村荷花池及村集体店铺。

图 10 - 2　河南省信阳市郝堂村荷花池及村集体店铺

（二）发展理念

1. 依山傍水回归自然

郝堂村依山傍水，自然环境优美（见图 10 - 3），其乡村规划充分利用当地地形地貌，顺应自然山水环境，通过对乡土环境的营造，打造高质量、高品质的生态乡土生活。通过对房屋、树林、水田、荷塘、茶园等的人性化改造，形成富有特色的马头门楼、村头大檩柳、岸芷轩、十里荷塘、清水墙等多处自然景观。图 10 - 4 为河南省信阳市郝堂村指引牌。建筑风格遵从原本的自然环境，将景观植入自然之中，虽是人为改造，看上去却与自然环境融为一体，成为舒适的、生态的、宜人的、具有乡土气息的观光游览环境。

2. 彰显乡村文化特色

嫁接城乡生活营造乡土文化。充分挖掘乡土文化，打造人文景观，

图 10 – 3　河南省信阳市郝堂村的绿水青山

郝堂村规划建设首先对村名进行文化挖掘，以郝堂谐音为"荷塘"印证郝堂"十里荷塘"的美誉。另外，将村口 130 年树龄的国家五级古树腺柳和村里照清禅院里 400 年的大银杏树塑造成为重要景观节点，以展示乡村历史文化的积淀。村子建设过程中将英烈张玉珩的故居建设为博物馆，用来陈列有特殊意义的物品，宣传郝堂村事迹。图 10 –5、图 10 –6 为河南省信阳市郝堂村修茸一新的庭院和保存完好的古树。

图 10 –4　河南省信阳市郝堂村指引牌

图 10 - 5　河南省信阳市郝堂村修葺一新的庭院

图 10 - 6　河南省信阳市郝堂村保存完好的古树

　　突出农村美丽、朴实的特色。郝堂村的乡土建筑从"一号院"开始设计改造，是设计师孙君着手为村子改建的第一所乡土建筑。在整个设计建设过程中，设计师完全尊重村民意愿，有不同意见的地方大家一起协商讨论，直至村民自己满意。这种自下而上以村民为主体的模式正逐步取代自上而下的政府主导模式，这也是村民自愿改建的原因。当然，房子改造如果按照设计好的图纸进行，村民还可获得每平方米 130 元的补贴。

3. 内置金融激活村庄

在农地规模小、土地流转不便的条件下，只要在农村内部设置一种新的金融模式，让农民将享有的土地、山林、水塘、房屋宅基地等进行抵押流转，就可以获得发展经济和生产的资金。而这种模式，李昌平将之称为"内置金融"。2009 年，郝堂村由 7 位乡贤出资创建内置金融——养老资金互助社，从此村民贷款不再难了，用自己的承包地和山林从养老资金互助社抵押贷款，从申请到批准，1 个小时就可以搞定。郝堂的实践证明，村民承包地的土地产权不能充分实现的根本原因是缺乏与其配套的金融形式——村社"内置金融"。

养老资金互助社章程规定：一是入社老人可入股 2 万元，作为优先股享受银行存款 2 倍的利息；二是本村村民也可入股，享受比银行高 1 个百分点的利息，但入股资金最高不超过 10 万元；三是吸收社会上不求利润回报的慈善资金。贷款额度在 10 万元以内，贷款 1 年以内月息 1 分，3~6 个月月息 1 分半，1~2 个月月息 2 分。3 个月结息一次，主要由老人担保，并提供权属证明抵押，由理事审批。养老资金互助社规定利润的 40% 用于老人分红，30% 作为积累资金，15% 作为管理费，15% 作为风险金，发起人不分配利息。其建立的宗旨是"资金互助促发展，利息收入敬老人"，通过"内置金融"合作，建立产权、财权、事权、治权"四权统一"，经济发展、社区建设、社区治理"三位一体"的村社共同体，在坚持农村集体经济组织的家庭承包经营为基础、统分结合的双层经营体制下，激活村庄各种生产要素，加速其金融化。郝堂村的内置金融模式以养老为切入点，关注老人养老，一个股东老人只可以担保 5000 元的信贷额度，年轻人要贷款，要先去和老人搞好关系，要贷的钱多，就得同时找多个老人担保，提高了老人在村庄的地位，并且实现了农村生产要素金融化，作为银行和信用社的补充，有效地解决了农民贷款难问题，并且成为村支两委提高在村庄执政服务能力的有效手段。与此同时，养老资金互助社累计发放贷款超过 500 万元，有力地促进了农户生产发展，村庄发生了翻天覆地的变化。

4. 群众路线永不过时

有些到郝堂的外地人，住下来，想找人听听反面的东西。郝堂搞了这么大的建设，没有人上访？真没有。从一开始，每走一步都是村民民主决议的，村民做村民的工作，不规定时间和进度，尊重村民、相信村民、依靠村民，慢一点、再慢一点……等一切都顺利了，发展肯定慢不了！

人的建设是第一位的。郝堂人的建设是从孝道开始的，养老资金互助社的利息收入用来孝敬老人。从中贷款要由老人担保，人们尊重老人，孝敬老人。孝回来了，人性光辉的一面就容易激发出来。另外，郝堂的小学有茶艺课、食育课、公民课、环保课，村里不定期有健康生活工作坊、创业工作坊、读书会。经营乡村是贯穿郝堂试验的理念之一，要通过投入资金和知识，让生态环境、建筑工程、历史文化、生产生活方式、制度机制、物产和手艺……甚至老人的慈祥和小孩的欢笑，都能够打动人。所以，去郝堂的人，都感受到了不一样的农村，或者曾经经历过的农村，或者梦中的农村，从而被感动！

同时，赫堂村的开放精神也发挥了重要作用。社会乡建力量在郝堂不仅可以发挥作用，而且受到尊重。新的理念、方法、知识和人才在郝堂汇聚，成为源源不断的协作郝堂建设的力量。如果说政府主导和大企业主导是乡村建设的 1.0 模式，郝堂实验则是 2.0 模式。郝堂"村社组织＋环境＋内置金融"构成一个平台，N 个个体＋组织在这个平台上同时创造价值，因此，自 2009 年以来，郝堂村集体资产和农户资产得到了爆炸式增长。

5. 把乡村建设得更像乡村

2011 年，中国乡村规划设计院的李昌平和孙君对郝堂进行规划设计。但是没有一开始就急着进行建设，而是从垃圾分类开始做起。因为如果连垃圾问题都处理不了，生态村建设就无从谈起。首先，由小孩担任环保小卫士，对家家户户进行卫生评选，促进大家关注自己的家庭卫生，关注自己乡村的环境。其次，重建村社共同体。由于农村组织凝聚力和治理能力较弱，郝堂村重构"统一产权、财权、事权和治权"的村社一体化共同体，共同体集"经济发展、社区建设和社区治理"三种职能于一体，郝堂村成为民主自治村庄。

在中原大地到处资本下乡、大拆大建——农村城市化的时候，郝堂的新农村建设是自主地适应逆城市化趋势——"把乡村建设得更像乡村"，建设有历史文化的、可经营的、共富的、民主自治的新农村；走的是政府主导、农民自主、专家协作、社会参与的共建之路。在村庄整洁干净了，村民的自主意识提高了之后，郝堂村开始了厕所改造和旧房改造，在此过程中始终非常注重老房子的价值和农村传统元素、自然元素的利用，修复传统乡村。

（三）可持续发展

1. 践行绿色生态发展和可持续发展理念

1987 年，联合国世界环境与发展委员会首次提出了可持续发展的概念，其理论基础源于生态学。我国乡村村民对生态环境的保护意识淡薄，管理不善，对生态环境保护问题没有长远考虑，农村自然环境破坏严重。郝堂村利用"小手拉大手"的模式，构建垃圾管理新体系。他们让村里的孩子们担当"监督员"，"监督"家长们改掉乱扔垃圾、混装垃圾的恶习，在全村形成良好的环保意识；通过设置沼气池，完善污水处理系统，既节约了能源，也保护了环境，资源的循环利用，在优化农村产业结构、促进农民增收和农村经济发展中扮演着重要角色，对生态可持续发展做出了重要的贡献。

2011 年 4 月 24 日，平桥区可持续发展试验项目"郝堂茶人家可持续发展项目"讨论会召开，这成为郝堂发展的契机。"建设五百年以后依然存在的村庄，实现农民是有尊严的，农村是有价值的，农业是有前途的建设目标。"区领导王继军说，"现在新农村建设是千篇一律的'拆'和'建'，我们见到的很多村庄没有不拆的。而我们是要在自然生态的基础上修复一个村庄，建立一个以村民为主体，以金融合作为核心，通过发展集体经济来推动村庄发展的示范村"。区里对公共基础设施建设的支持是郝堂再发展的开始。2011~2013年，区水利局在郝堂开展国家级清洁小流域治理（见图10-7）示范项目，河道治理采取自然河道设计，疏浚河道7000米，修建拦水坝13座，建设桥梁9座，治理坑塘3口，效果显著。动工铺设中心村自来水管道并在红星大堰旁建了2000人的农村安全饮水自来水厂。区农业局在郝堂推广紫云英种植，修复土壤2000亩为生态农业发展打好基础，能源站推广家用沼气120户。区卫生局在郝堂改建水冲式三格化粪池卫生厕所200座，并推广健康教育和医疗普查。环保厅建设日处理污水150立方米的人工湿地无动力污水处理系统。区交通局开工建设连接郝堂村和七桥村的七孔桥，修建村庄道路以及郝堂自行车道，部分为保护生态采用了水稳砂石路面。

图10-7 河南省信阳市郝堂村小流域治理效果

区教体局启动郝堂可持续发展教育小学建设项目，建设郝堂宏伟小学；区林业局对郝堂所有古树进行普查，保护郝堂的古树；区民政局支持建设了郝堂居家养老中心；区财政局扶持郝堂建房贴息贷款，补贴农户旧房改造每平方米130元，以及补贴沼气池改造；等等。

2013年6月10～16日，郝堂民俗文化周举行，其间，捷安特自行车比赛在郝堂自行车道进行。2013年11月21日，住房和城乡建设部公布第一批建设美丽宜居小镇、美丽宜居村庄示范名单。郝堂村入选全国第一批"美丽宜居村庄示范"，全国共有12个村庄入选，郝堂是河南省唯一入选村庄。图10-8为郝堂村修葺一新的拱桥。

图10-8　郝堂村修葺一新的拱桥

游人说，这个村子跟画一样，很好找。春天跟着映山红和紫云英走，夏天找荷花，秋天遍地野菊带路，冬天最醒目的是那些百年老树……郝堂村的样本意义和价值也凸显出来了，现在郝堂的发展模式被其他村庄自觉复制，各地交流学习的人络绎不绝，旅游高峰时游客过万，政府参与的前期公共基础设施服务建设发挥了重要作用。

2. 利用"内置金融"发展

郝堂村成立养老资金互助社，发展"内置金融"，致力于乡村可持续发展建设。互助社使郝堂村资源得到循环利用，壮大了村庄的中坚力量，增强了当地人的返乡意识，加快了各要素之间的交流。郝堂村通过对特色自然环境的利用以及乡村文化的挖掘，对旧村进行规划改造，营造"看得见山、望得见水、记得住乡愁"的生态可持续发展模式。在村庄改造之后，赫堂村发展了民宿（见图 10－9）、个体商业经营等第三产业，同时将规模较大且村民赖以生存的传统农业进行转换、升级，进一步发展农产品加工业，融合一二三产业协同发展。

图 10－9　河南省信阳市郝堂村修缮好的民宿

3. 村集体组织村民自治发展

在乡村建设过程中，郝堂村坚持村民自治，反对招商引资，依照老百姓的想法自己建设家园。大会小会都会组织村民或村民代表与村支两委和协作者共同参与、讨论协商。在多方参与和协助者帮助下村委多次组织村民代表和村干部外出学习和培训，"每次出去，村民或多或少都会有些启发，有时坐在大巴上都会热烈讨论发言。聊着聊着，思想也就慢慢地解放了"。村干部在为村民提供服务的过程中也凝聚了民心和威望，同时培养了一批年轻村干部。

在内置金融的基础上，村委流转了一部分土地到村集体，按照做建设用地的每亩18000亩、公共种植一年每亩补贴400斤水稻或折换为市场价值。2011年4月26日，村委对流转的土地种植荷花，按照每年3万元对外承包。

同年，以村支书曹纪良为董事长、村委会主任胡静为总经理的村集体经济组织——信阳市平桥区绿园生态旅游投资有限公司注册成立，将公司利润的10%作为公司人员待遇分配。依托不断壮大的村集体财产，该公司建设了很多村庄公共基础设施和公共空间。2014年底，为进一步扩大经营，注销该公司，在其基础上成立了新型农业种植专业合作社作为村集体组织。

4. 社会组织的参与式共建

在整合各方面资源的村庄建设过程中，郝堂进行了社会组织参与建设村庄的尝试。2011年3月，郝堂村发起成立了信阳乡村建设协作者中心，并通过看大学生村官日志和走访调查挑选了姜佳佳、陶良金到郝堂进行村庄发展记录并以协作者的身份参与到乡村建设过程中。

协作者中心培养志愿者以协作者身份参与农村建设，在协作农民过程中，为农村建设培养本地的协作人才和社会组织，创新了农村建设的方法和模式。他们秉承"助人互助、互助助人"的协作者理念在乡村开展工作，以协作者身份协助村支两委和村民进行对话，并且将外界公益组织资源对接进入村庄，作为第三方用文字和照片客观记录村庄的发展过程。

2012年5月7日，郝堂村的养老资金互助社案例获得了"芯世界"公益创新一等奖，奖金10万元。6月1日，协作者中心利用10万元租赁村里150亩荷塘进行经营，获得3年承包权。姜佳佳和朱菊成立了学农生态农业有限公司，专门管理荷塘。采摘莲蓬以0.8元/个的价格批发给当地农民，农民再以2元/个售卖给游客。"有人说我们的售价过低，实际上我们是希望通过这种行为，让村民转变观念，明白不一定要守着土地种麦子、稻子，只要认清价值，其他作物也能挣钱。"姜佳佳说，她还变害为宝，将小龙虾的捕捞权拍卖给村民，发展养殖业。

同年，以姜佳佳为主导成立了郝堂青年创业合作社，为村庄的年轻人提供创业支持和技术指导。村民原先卖的酒包装简陋，合作社成立后第一件事就是设计了新的郝堂米酒包装，售卖给村民和游客。经过包装的米酒不仅卖出了好价钱，还维护了村庄的集体形象，带动了服务意识更新。合作社引进了炒茶师傅，带动了郝堂村民炒茶技术的提升，提高了村民收入。之后，青年创业合作社还将手工坊改造为创客空间，并设置炒茶坊和青年旅店，进一步带动郝堂茶叶的发展和打造村集体品牌。

2013年，协作者中心成立乡村教师俱乐部，致力于促进平桥区乡村教师个人成长，并在心理专家指导下成立了巴林特小组进行师生关系的改良探索。协作者中心围绕着"知自然，爱家乡"的教育理念，进行乡村小学课程的开发，不仅为城市培养大学生人才，也为乡村培养发展建设的本村人才，先后开发了茶文化课、阅读课、手工课和自然种植教育课等乡土课程。

2013年11月23日，协作者中心对接北京营养师俱乐部，为郝堂小学食育教育设计方案，目的是培养学生健康的生活方式。2011年11月28日，协作者中心对接爱心基金会在郝堂开展健康服务进家庭，调研发现并致力于解决村内妇女剖宫产率偏高、母乳喂养偏低、两岁内婴幼儿抗生素过度使用以及老人对慢性病认知度低等问题。项目给村民带来了卫生习惯的改变、健康意识的培养。2013年2月3日，协作者中心对接北京乐龄老年社会工作服务中心，进行"村集体投资建设，公益组织运营，社会力量参与，专业人员管理"的农村养老模式探索，并组织郝堂村干部去接受养老培训指导。

5. 外来企业在郝堂的发展

郝堂在发展的过程中也得到了很多企业的捐赠和支持。2011~2013年，信阳同力水泥有限公司向郝堂村委捐赠水泥300吨，安钢集团信阳钢铁有限公司向郝堂村委捐赠钢筋 40 吨，支持村庄建设；信合建设投资集团无偿借给夕阳红合作社 160 万元，使用 2 年，作为爱心存款；许昌宏伟实业集团公司为郝堂宏伟小学建设捐款 50 万元；中国轻工业出版社为郝堂村捐赠图书 2 万册；巨世电源科技发展有限公司董事长金瑞章为郝堂村礼堂建设捐赠 80 万元，并且捐赠了太阳能景观灯 20 盏；河南东方房地产开发公司向郝堂捐赠了自行车 200 辆。2012 年 7 月 4 日，中国乡村规划设计院的总部在郝堂开始建设，为各地乡建交流提供场所。

（四）乡村特征

郝堂宏伟小学。由中国乡村规划设计院的孙君老师设计，白墙青瓦，较好地体现了豫南建筑特色。学校建设资金来自政府筹资和社会捐资，其中许昌宏伟实业集团公司捐资 50 万元。学校西侧是幼儿园，中间是小学教学楼，东侧是教师宿舍楼。教学楼设计有钟表，为整个村庄报时。学校硬件设施不断改善，软环境也越来越好。学校选配了优秀教师，并按市区学校标准开设课程，如环保课、茶艺课、陶艺课、劳动课和艺术课，为小学生的素质教育提供了良好的教育平台。正因为学校教育质量不断提高，不仅本村孩子，周边村子的孩子来此上学的也越来越多，学生人数由之前的 87 位增至 2016 年的 205 位。校内房前屋后的空地改造为菜园，这些蔬菜地分为多片畦地，每小畦由一个学生和其家长认领，并由家长带领孩子一起耕作。生态学生餐厅，食用的都是有机蔬菜。学校还与首都营养师协会的专家和志愿者联合开办了食育教育课程，这里是河南省的第一所农村"食育"教育学校。

生态厕所。由台湾设计师谢英俊设计的全国第一座公共式的尿粪分离式厕所，这是一个轻钢结构的粪尿分离式的厕所，不会对土壤产生二次污染，还能节约用水，收集的粪便可以制作有机肥料用于菜地施肥，更重要的是从小培养了孩子们的生态环保意识。

叶楠、白桦文学纪念馆。叶楠原名陈佐华，白桦原名陈佑华，五里店中山铺人，二人是出生于 1930 年的一对孪生兄弟，是我国当代著名文学家，写了很多名著。叶楠创作了《甲午风云》《巴山夜雨》等作品。白桦创作了《孔雀》《今夜星光灿烂》等作品，拍成电影的有《苦恋》《芙蓉镇》等。这个文学纪念馆，展示他们的文学作品和有关活动的照片，还放映他们的电影作品。这里成为郝堂村的一个文化活动场所，既为郝堂的乡村建设增添了文化品位，又为广大村民提供了一个学习教育的平台。

岸芷轩。由台湾设计师谢英俊设计建造。它采用轻质钢架，采用木材、泥土、芦苇等这些农村随处可见的材料做成。取材方便，造价低廉，抗震性能好。由于减少了混凝土的使用，极大地降低了对环境造成的污染，体现了保护生态、可持续发展的特点，而且施工技术简单，易操作，易整修。它的屋顶使用芦苇席，四周墙体使用塑钢窗玻璃，内外通透，坐在这里看书品茶，可以 360°观赏青山、绿水、小桥、民居，体会置身于大自然的悠闲宁静的心情。这里是村庄的一处公共空间，是可以免费阅读图书的书吧，是一个开展青年公益教育的好地方。

郝堂公益站。由本地的公益组织信阳乡村建设协作者中心联合区民政局、邮政局开办的一个志愿服务的场所，村里的老人可以用自己制作的手工产品在这里兑换生活必需品；年轻人努力开发的农副产品的新品类可以在这里展示和寄卖；而城市人的富余物品可以捐赠到这里，或进行旧物交换，也实现了城乡的一种对接。

（五）发展启示

1. 构建城乡综合发展空间

借力自然环境。在城市景观环境逐渐模式化的今天，应该让景观回归自然美、田园美。在自然生态景观基础上融入现代景观符号，既是对历史和自然的尊重，也不失现代景观的魅力。各村镇景观差异是具有标识性的特色之一，也是我国多元文化的体现。

全民参与乡村规划。乡村规划建设的核心是农村、农民和农业。规划建设好的乡村从根本上解决村民的生活需求，给村民提供良好的生活环境，将传统农业与现代产业有序对接，让农民感受到未来发展的空间，让农村耕种更有效、更便捷、更有价值。因此，在乡村规划建设中，要充分发动群众力量，以村民利益为主，共建、共享美好的乡村。

深入挖掘民俗文化。村庄是村民生存的地方，乡土文化是当地村民多年生活形成的积淀，乡村脱离文化就是失去了灵魂，因此，乡村规划建设应挖掘乡村历史文化、农耕文化、宗教文化、河流文化等，将民俗文化与体验农耕文明结合起来，重拾童年记忆、品味乡野生活、收获优良产品。村镇建设必须全面普查登记、修复和保护历史文化古迹，研究村落的经济社会变迁，编制好保护利用总规划。在乡村物质文明遗存的修复、保护和利用基础上，对非物质文化遗产进行抢救性挖掘、整理和建设。

2. 实现农村"三产"融合发展

农村合作社助力。乡村产业的发展需要农村合作社的推动。郝堂村互助社创新推进民宿合作、农家乐互助等，因地制宜推进企业投资，打造企业、集体及农户土地资本合作的 PPP 模式，加快资金运转与流动速度，让村庄发展兴旺。同时，互助社解决了农村市场主体散、小、弱、差的不足，通过一条龙的接待、管理、经营、营销的统一合作社模式，面向市场，走规范化、标准化、规模化、品牌化道路，使乡村由农户兼业化向集聚型专业化转变，从而把有限的资源集中使用，解决公共资源滥用、同质化发展和恶性竞争等问题。

多元产业融合。在乡村规划中，传统农业无法满足现代生活的需求，必须把农业创新发展作为乡村规划发展的首要任务。通过特色产品筛选、先进技术和规范制度引领，形成绿色农产品生产、农产品加工与制作、休闲农业与农旅等多种功能，采取现代商业模式，形成农业与二三产业协同发展的现代产业体系。郝堂村通过引进桑葚、蓝莓、火龙果种植，开展集水果生产、加工采摘、旅游于一体的新型经济模式；将农、林、牧、渔等产业与农产品加工、制造业和旅游业、养老业相融合，实现"农业+加工业+文化旅游"的综合发展。

3. 保护生态可持续发展

盘活土地加强生态规划。土地的规模化、企业化、科技化是乡村建设的重中之重，乡村规划必须坚持以保护基本农田为前提，将闲置宅基地向民宿、餐饮以及教育、医疗、养老等乡村公共建筑功能置换，盘活农村闲置土地资产。让土地整治模式由政府主导型向新型农业经营主体主导型转变，拓宽融资渠道，建立稳定的土地整治资金筹集机制和"以奖代补，奖优罚劣"评价指标体系，做长期的生态规划和产业发展规划，实现土地资源的综合利用。

对接城乡共享基础设施。乡村建设的核心是根据邻里乡村的亲疏程度，以新田园主义为指导，积极营造田园社区。充分利用城乡公共资源，实现城乡路网、路灯照明、城乡供水、垃圾处理、教育医疗等基础设施一体化，全面实现城乡污水处理、供气、园林绿化、住房保障建设一体化。通过基础设施的建设与共享，营造统一管理的小街区、低密度的田园社区。图10-10为河南省信阳市郝堂村享受着村庄发展成果的幸福村民。

依托产业共享休闲农庄。目前，全国已经进入共享时代，共享单车、共享雨伞、共享充电宝、共享书籍等已经被市民所接受。但是，乡村地区偏远、人口偏少，这些商业模式尚未融入乡村生活，"共享农庄"正是乡村得以发展的契机。生产、生态、生活是乡村发展的方向，引导传统农业逐渐向农旅结合转变，通过资源共享、信息互通、市场共拓、产业共建，做到相互融合，实现以农促旅、以旅强农的休闲农业与乡村旅游新模式。通过共享农庄向新兴产业过渡，将农事体验与教育相结合，拓宽和拉长产业链条，形成产业融合、产业发展和繁荣的新局面。图 10 – 11 为河南省信阳市郝堂村慕名而来的游客。

图 10 – 10　河南省信阳市郝堂村享受着村庄发展成果的幸福村民

图 10 – 11　河南省信阳市郝堂村慕名而来的游客

4. 郝堂经验可以借鉴

郝堂有新的基层组织形式和新的治理方式；郝堂有新的双层经营体制和新的集体经济实现形式；郝堂有新的金融形式和新的土地产权实现方式；赫堂有生态建设、文化传承的新方法；郝堂有"三生共赢""经营乡村""共同富裕""民主自治",郝堂代表农村未来。新农村建设是复制系统的修复、提升和激活,而郝堂的理念方法可借鉴,其"村社组织+内置金融+环境"平台和2.0模式可复制。

(六)展望郝堂

党的十八大以来,习近平总书记"让居民望得见山、看得见水、记得住乡愁"这句带有诗意的话语传遍了大江南北。如今,在郝堂村,这早已不是梦想,而是真真切切的现实生活。

走进郝堂,街道干净整洁,一幢幢白墙青瓦的建筑,过去遗留下来的茅草土坯小屋、古朴民俗的农家小院,散落在村庄的各个角落。树木、青草、野花,一条清澈溪水穿村而过,相映成趣,组合成一幅美丽的乡村画卷。如今,这个"画家画出的小山村"早已芳名远播。在2017年11月举行的第十七届全国"村长"论坛上,郝堂村上榜2017年中国名村影响力排行榜300佳,其名村绿色指数位列前十。

随着郝堂的发展,接待游客能力显得不足,从而带动周边村子的发展。未来,赫堂村将发展得更好。

十一
渝东南地区农旅文融合发展助推乡村振兴

渝东南地区基于特色资源助推乡村振兴，"农业农村工作，说一千、道一万，增加农民收入是关键"。渝东南辖黔江区、武隆区、石柱土家族自治县、秀山土家族苗族自治县、酉阳土家族苗族自治县、彭水苗族土家族自治县六区县，面积 1.98 万平方公里，占重庆市总面积的 20.60%，总人口 364 万。受地理环境、基础设施、交通条件等先天制约与后天发展滞后等因素困扰，走传统的发展道路效果并不明显。渝东南地区是国家重点生态功能区，武陵山绿色经济发展高地、重要生态屏障，是"重庆之肺"，生态是最大的优势。农业是实现生态效益、社会效益、经济效益统一的最佳产业，渝东南地区立足绿色生态优势，紧紧结合该地区农业特色资源、旅游文化资源，走绿色、低碳、循环发展的"生态农业＋"之路，凸显农业的多种功能，实现农旅文深度融合，对促进乡村精准脱贫和实现"产业兴旺、生态宜居、乡风文明、治理有效、生活富裕"的目标，具有重要的现实意义。

因此，筑牢绿色本色、打造民俗文化生态旅游长廊、建设特色资源绿色加工长廊、建设现代特色效益农业示范长廊、构建民俗生态城镇群，以绿色为本色，以城镇群为骨架，以三大特色生态产业长廊为支撑，建成生态优美、特色浓郁、布局科学、集约高效的渝东南生态经济走廊，可以助力渝东南地区常住居民人均可支配收入与经济增长同步，推动渝东南地区与全市同步实现全面建成小康社会目标。

为了生态格局更加优化，生态系统更加稳定，资源利用更加节约，生产生活更趋绿色，要构建形成山清水秀、优美纯净的长江上游绿色屏障的核心载体。第一，要建成民俗文化生态旅游长廊。旅游景区品质明显提升，旅游业态和旅游产品不断拓展，品牌知名度明显增强，基本形成景色隽秀、风情独特、层次丰富、体验多元的国际知名旅游胜地，使旅游业成为渝东南地区的支柱产业。第二，要建成特色资源绿色加工长廊。生态资源加工转化能力和效率明显提升，自然资源增值转化明显加快，特色加工产业集聚度明显提高，构建起具有一定规模的生态环保型产业体系，以特色工业园区为依托、以物流流向为联系的特色资源绿色加工长廊初步成型。第三，要建成现代特色效益农业示范长廊。以生态、绿色、有机为导向的现代农业产业体系初步形成，农业综合生产能力明显提高，农业综合效益明显提升，构建形成以示范区为依托、沿适产区布局的现代特色效益农业示范长廊，带动渝东南地区乃至武陵山区农业现代化水平提升。第四，要建成民俗生态城镇群。城镇空间布局更加紧凑合理，城镇承载吸纳能力进一步增强，民族风情风貌进一步凸显，构建形成以交通线为轴、区县城为目、特色镇为点的城镇群。第五，要筑牢绿色本色，突出绿色发展生态优先这一首要任务，以流域、山脉为骨架，以禁止开发区、生态保护区为载体，严格生态空间管控，深入实施环保行动，加大生态保护和修复力度，以山为屏、以水为带、田园相嵌，建设长江上游生态屏障的核心载体、绿色生产生活的示范样板，为生态经济发展筑牢绿色本色。

（一）构建武陵山脉生态屏障

以仙女山、摩围山、万寿山、仰头山、金银山、太阳山、圆梁山等山体为重点，全面实施退耕还林、天然林保护、低效林改造、封山育林等森林工程，加速推进林木良种化，调整优化林种、树种、林龄等系统结构，增强森林生态系统稳定性和生态保护功能。大力实施地质灾害防治、石漠化综合治理、水土保持等修复治理工程，增强生态系统水源涵养和水土保持功能。保护和建设既有各类森林公园、自然保护区等生态保护空间，推动有条件地区创建国家级或省市级风景名胜区、自然保护区、地质公园和森林公园，有效改善生态环境，维护生物多样性。图11-1为渝东南地区生态资源。

（二）构建乌江水系生态带

以乌江、郁江、梅江河、普子河、阿蓬江、酉水河、沿河等河流为

图 11 −1　渝东南地区生态资源

重点，共同构筑形成乌江流域水系生态带。积极强化江河源头水源地和城镇饮用水水源地保护，全面推进水域湿地保护体系达标建设，建成水资源保护和江河健康保障体系，主要江河水功能区水质达标率、集镇饮用水水源地安全保障程度全面提升，水资源保护监督管理能力明显提高。强化水土保持监督管理，开展水土流失动态监测，综合采取工程措施、生物措施和农耕措施，加快推进水土保持综合治理。建立完善乌江干流、支流漂浮物清理处置长效机制，开展次级河流整治。实施水域湿地保护与恢复工程，建设重点河段人工恢复性湿地，建立生态环境保护、水源保护、生物多样性保护的长效机制，增强水域湿地生态功能。积极推动有条件地区创建国家级或省市级湿地公园、鱼类自然保护区。图 11 −2 为渝东南地区山水景象。

（三）建设绿色生产生活示范区

按照集群化、集约化、品牌化、定制化、生态化要求，大力发展以自然资源、生态资源为主体的资源加工转化产业，促进产业向特色工业

图11-2 渝东南地区山水景象

园区"点"上集聚,并依托物流通道联动形成渝东南特色资源绿色加工长廊。大力发展绿色特色产品精深加工产业。瞄准健康、绿色、生态消费需求,充分利用渝东南地区良好的生态资源,打破散小格局,强化资源整合,统一品牌标识,以自然、生态、环保为主旨,打造一批特色资源精深加工产业链,建成全市重要的绿色食品加工基地、中药材精深加工基地、原生态产品定制基地、民俗轻纺服装产业基地等。①绿色食品加工基地。突出绿色、健康、安全,充分利用渝东南本土特色农产品,大力发展蔬菜、果品、肉制品、饮料、调味品等生活必需品精深加工。提升开发各种休闲食品、方便食品、速冻食品、保健食品等功能性食品精深加工能力。打造原生态肉制品、民俗休闲食品、特色风味调料、有机绿色饮品、原生纯油等产品系列。②中药材精深加工基地。依托黄连、青蒿、金银花等道地中药材,引进培育医药龙头企业,支持南海、华方、东田、阿依达、祥华、衡生、红星等医药企业发展饮片加工、中药提取、中药制剂等生物医药产业以及以中药材为原材料的健康保健品产业,推动中药及中成药优势产品二次开发。③原生态产品定制基地。充分挖掘渝东南优质矿泉水(山泉水)、高负氧离子空气、原生林木等生态资源，瞄准高端需求，创新发展高端矿泉水、罐装空气、原木家具、绿色家居等生态产品加工产业。④民俗轻纺服装产业基地。依托现有产业基础，充分利用渝东南蚕桑、竹木资源，培育发展高档缫丝、纺织面料、土家织锦、民族服饰、演出服装、竹碳织物、家纺制品等加工产业。主动对接涪陵化纤产业链延伸，引进一批氨纶和聚氨酯等高分子合成材料下游产业项目，打造极具特色的民俗轻纺服装产业基地。图 11-3 为渝东南地区特色产业种植基地。

图 11-3　渝东南地区特色产业种植基地

（四）建设现代特色农业示范长廊

立足特色山林资源，打造特色种养产业链，积极推进农产品品牌和安全体系建设，在特色农林产品主产区、适产区因地制宜布局建设现代农业示范园，规模化、全链式发展特色效益农业，构建形成连片布局的现代特色效益农业示范长廊，成为全市有机农产品的主要供给基地。打造"武陵农家"有机产业链。依托现有农产品资源优势，因地制宜发展高山蔬菜、中药材、烤烟、草食牲畜、茶叶、经济果木林等特色农业产业链。加快打造"武陵农家"特色种养产业品牌，提升农产品附加值。推进农村产业融合，促进农业产业链向精深加工端延伸，建设全市高效生态农业示范区和特色农业基地、武陵山特色种植及循环农业产业带（见图 11 - 4、图 11 - 5）。

图 11 - 4　渝东南地区农业产业

图 11 - 5　渝东南地区农田情况

（五）建设现代农业示范园区

突出资源优势和产业特点，每个区县（自治县）尽力培育市级以上现代农业示范园区或优势特色产业示范区。在示范园区开展农业科技创新先行先试，推进农业技术集成化、劳动过程机械化、生产经营信息化。积极将农机农艺融合，大力推广应用现代种、养、储、加、运等新机械、新设施和新技术，全面提高农业现代化水平。引导高等院校、科研院所开展农技服务，对基层农技推广公益性与经营性服务机构提供精准支持，多渠道培养新型职业农民，为园区发展提供人才支撑。

黔江现代农业示范区。推进高标准基本农田、节水灌溉和雨水集蓄利用、耕作道等农业基础设施项目建设，重点发展蚕桑、特色水果、高山蔬菜等产业，打造黔江市级现代农业示范工程、武陵仙山现代农业示范区、仰头山现代农业示范园、阿蓬江特色花卉种植示范园、马喇中药材种植园、九曲河特色水果种植示范园、麒麟盖高山蔬菜种植示范园、小南海特色水产养殖示范园等特色产业园区。

武隆现代农业示范区。推进高标准基本农田、节水灌溉和雨水集蓄利用、耕作道等农业基础设施项目建设，重点发展高山蔬菜等产业，打造双河现代农业工程示范区、火炉现代农业园区、桐梓山地农业示范园区、白马高山有机茶叶示范园区、黄莺复兴香港菜篮蔬菜乐园、鸭江片区立体循环农业园、芙蓉湖立体生态农业观光园等特色产业园区。

石柱现代农业示范区。推进高标准基本农田、节水灌溉和雨水集蓄利用、耕作道等农业基础设施项目建设，重点发展辣椒、黄连、肉兔、莼菜等产业，打造石柱市级现代农业综合示范区、石柱现代农业科技创新园、石柱沿江生态循环农业园、石柱花卉园艺标准园、石柱高山观光农业园、石柱畜牧示范养殖园等"一区五园"特色产业园区。

秀山现代农业示范区。推进高标准基本农田、节水灌溉和雨水集蓄利用、耕作道等农业基础设施项目建设，重点发展猕猴桃等产业，打造秀山梅江兴隆坳现代农业示范园区、清溪现代农业综合示范园区、溶溪梨园优质林果采摘观光示范园区、川河盖山地生态农业园等特色产业园区。

酉阳现代农业示范区。推进高标准基本农田、节水灌溉和雨水集蓄利用、耕作道等农业基础设施项目建设，重点发展青花椒等产业，打造麻旺现代农业科技示范园、毛坝高山蔬菜产业示范园、腴地中药材标准化种植示范园、涂市山羊生态养殖园、泔溪青花椒科技示范园等特色产业园区。

彭水现代农业示范区。推进高标准基本农田、节水灌溉和雨水集蓄利用、耕作道等农业基础设施项目建设，重点发展甘薯等产业，打造摩围山市级山地特色农业示范园区、新田市级现代农业示范园区、岩东市级现代农业示范园区等特色产业园区。

（六）大力发展乡村民俗旅游

基于全域旅游理念，结合旅游扶贫工程，深度挖掘乡村旅游资源，大力发展以乡土民俗休闲体验为特色的乡村旅游，建设渝东南乡村民俗旅游区。依托山地地貌、民族文化、乡土风情，在大力发展乡村观光、避暑纳凉等乡村旅游的同时，积极开发农趣体验、民族探秘、乡居度假、养生休闲、农业科普、民间工艺等特色乡村旅游新品，策划举办系列乡风民俗、农事节会等活动。推进乡村民宿旅游发展，结合高山生态扶贫搬迁、传统民居改造、美丽乡村建设等，打造一批特色鲜明、富有吸引力的特色民宿、休闲农庄、乡村酒店和农家乐集群。推进乡村旅游景区化，创新开展乡村旅游规划，加强乡村旅游景区（点）配套基础设施建设和安全卫生管理，加快完善乡村旅游标准化体系，规范和提升乡村旅游服务质量与水平。积极开展乡村旅游示范创建，实施乡村特色旅游镇（村）、美丽乡村、乡村旅游创客示范基地、星级农家乐、精品民宿等品牌创建工程，创建一批全国及市级乡村旅游示范县、示范镇、示范村、示范户，支持和鼓励乡村旅游景区（点）创建国家 A 级旅游景区。

整体提升区域旅游发展水平。拓展创新旅游业态。积极适应旅游方式转型和旅游体验创新，加快开发多元化、复合型旅游产品。充分利用独特的喀斯特地貌、丰富的生物多样性和民族民俗文化等资源，大力发展科考探险、低空飞行、研学旅游、亲子游学等个性化旅游产品，康体运动、自驾露营、健康养老等休闲康养旅游产品，文化体验、民俗体验、观光采风等体验式旅游产品，推动仙女山自驾车营地及狩猎场、国际户外营地、露营基地、体育夏训拓展基地、武隆国际影视文化基地、白马山探索极限基地、摩围山康复疗养中心、彭水水上运动赛场、酉阳低空飞行及游艇、黄水环湖马拉松赛、秀山文化旅游创意产业园、全国微电影拍摄基地等旅游项目建设。提升整体服务水平。建立政府、景区、企业等多方参与，政府引导、市场运作、共建共享的旅游联动发展新机制。统筹整合区域旅游资源、线路、产品，整体实施形象包装、精品策划、产品开发、品牌打造，探索统一开展游客组织、销售管理等。不断提升六大旅游区内部、之间和外部的互联互通水平。完善旅游接待服务配套体系，加快建设一批星级商务度假酒店、主题文化会所、特色乡村民宿和自助露营基地，实施国家 A 级旅游景区旅游厕所达标工程。建立旅游市场监测系统和旅游公共信息服务平台，完善旅游咨询和集散中心建设，推行国家 4A 级及以上旅游景区门票预约制度。

以自然风光为形、民俗文化为魂，按照"一体规划、整体打造、统一营销"的思路，依托三大主题旅游品牌、六大旅游区、三大精品旅游线路的"363"格局，整体塑造旅游形象，推进国家级旅游度假区建设；以点聚区、以区带片，打造渝东南民俗文化生态旅游长廊，构建"步步皆景、处处宜游"的全域旅游大景区，成为国内重要的民俗生态旅游目的地。

（七）塑造旅游三大主题品牌

充分发掘自然生态风光和民族民俗民风，以"山、水、文"为主线，以"武陵风光、乌江画廊、土苗风情"为主题，整合旅游资源，统筹规划开发，整体打造渝东南民俗文化生态旅游品牌，以主题旅游为重点开发系列旅游产品。①武陵风光。以地质奇观、灵秀山色为主题，深度挖掘和展现岩溶地貌、高山草场、原始森林等自然山体风光，着力开发山地度假、自然观光、遗址科考、户外探险、养生休闲等生态旅游产品，构建以奇丽风景、神秘岩溶、富氧森林为特点的武陵风光主题旅游。②乌江画廊。以峻秀峡谷、迤逦水色为主题，深度挖掘和展现深山峡谷、波光水色、山水相映、如诗如画的乌江水景，着力开发游艇观光、溯溪漂流、水上运动等亲水旅游产品，增强"船在画中行，人在画中游"的旅游体验，构建以赏水、乐水、玩水为特点的乌江画廊主题旅游。③土苗风情。以民族风情、民俗文化体验为主题，依托文化古镇、特色村寨，发掘展示以土家族、苗族为代表的民族民俗民风，着力开发古镇游览、民俗体验、展会节庆、观光采风等旅游产品，构建以独特民族风情、多彩民俗文化为特点的土苗风情主题旅游。

推动六大旅游区、三大精品旅游线路提档升级。①六大旅游区：大仙女山旅游区以立体喀斯特世界遗产为核心，打造成为世界自然遗产观光休闲目的地、中国亚高山生态休闲度假目的地；乌江画廊旅游区依托乌江画廊峻秀山水，打造全国知名生态休闲度假旅游区、民族特色文化体验旅游区；武陵仙乡旅游区突出城市休闲、生态观光，打造成为全国休闲农业与乡村旅游示范区、武陵山区知名旅游目的地和优秀旅游城市；黄水林海旅游区发挥高山草原、高原湖泊、温泉冰雪、原始森林、乡村田居等资源特色优势，打造成为全国知名康养休闲生态民俗旅游目的地、国家级旅游度假区；世外桃源旅游区以"梦幻桃源"为核心，打造成为全国知名民俗生态旅游目的地；边城古镇旅游区突出边城风貌、民俗文化特色，打造成为全国知名民俗文化生态旅游目的地。②三大精品旅游线路：以六大旅游区为核心，强化旅游线路整体打造，构建大仙女山—乌江画廊—武陵仙乡—黄水林海、黄水林海—武陵仙乡—世外桃源—边城古镇、大仙女山—乌江画廊—武陵仙乡—世外桃源—边城古镇等三条精品旅游线路。同时，积极推动三大精品旅游线路与主城都市旅游、南川金佛山、湖南张家界、凤凰古城、长江三峡、贵州梵净山、遵义红色旅游等周边景区（景点）联动发展。以促进产业跨界融合、提升互联网经济水平、加大创新力度和发展开放型经济为重点，实现生态经济发展模式创新，引领渝东南地区生态经济实现跨越式发展。

（八）促进农旅文融合发展

发挥大旅游的综合带动作用，推动民俗生态旅游、资源加工转化、特色效益农业和现代商贸服务等生态产业深度融合，强化旅游业对相关产业的带动，强化旅游产业链整体开发。每个区县（自治县）建设 1 ~ 2 个集餐饮、住宿、地方特色小吃、娱乐、休闲、购物、非物质文化遗产等于一体、商旅融合的民俗特色商业街区或消费夜市，打造游客消费聚客锚地。组织实施文旅融合发展示范工程，打造影视文化拍摄基地，推动以花灯、摆手舞、民歌为主的民俗文化演艺产业发展，积极构建若干具有文化特色的旅游线路，丰富旅游文化内涵，打造旅游文化品牌。依托特色中心镇、特色农业基地和乡村旅游资源（见图 11 - 6），以自然生态、田园文化、农耕文化为基础，打造一批特色鲜明、配套功能齐全、集聚能力强的民俗风情小镇、乡村休闲区、养生园和养心地。振兴陶瓷、漆器、织造、雕刻等传统工艺，支持少数民族服饰、刺绣、竹编等为主的民族旅游手工艺品生产加工，大力发展户外运动等旅游装备制造业，开发特色旅游纪念品，带动会展游、商务游、采购游，促进工旅融合、商旅融合。

积极运用互联网、移动互联网、云计算、大数据等信息技术，借助互联网思维和互联网手段，以电子商务为切入点，推动互联网与生态经济深度融合。加快发展农村电子商务，结合村（社区）便民服务中心建设，建立覆盖区县、乡镇、村三级的农村电商体系，完善"工业品

图 11 - 6　渝东南地区的乡村旅游资源

下乡入村、农产品进城入市"的双向流通网络，积极发展秀山"武陵生活馆"、秀山云智网商城、酉阳"桃花源赶场天"、酉阳"渝农鲜"、黔江"宅天下"等自主电商平台。提升传统贸易电子商务发展水平，支持传统零售与电子商务平台优势互补，促进线上、线下交易融合发展。充分运用大数据、物联网等信息技术，完善"武陵物流云"服务平台和公共物流信息应用平台，有序打造信息化、网络化、自动化、标准化的智慧物流园区。以智慧旅游景区、智慧旅游企业建设为重点，加快旅游服务信息网络建设和游客云数据采集运用，完善景区内外旅游信息终端，加强自媒体智能终端 App 开发及推广，推动信息技术在旅游经营管理、旅游产品交易与服务中的创新应用。加快农业信息进村入户及服务体系工程建设，以互联网经济思维推动农业全产业链改造升级，培育"互联网 + 精品农业""互联网 + 订单农业""互联网 + 定制农业"等新型业态。

围绕绿色工业、生态民俗旅游业、特色效益农业等生态经济发展重点，加强资源共享与合作，强化企业创新主体地位和主导作用，支持企业加强科技应用和推广，培育一批具有较强竞争力的创新型企业。实施科技型企业培育成长工程，打造区县级科技创新服务中心，支持黔江建设企业技术创新平台、科技企业孵化基地，支持彭水县、酉阳县等建设现代农业科技示范基地和林业科技示范园区。完善技术创新服务体系，优化创新环境。

（九）彰显山水风貌和民族风情

突出山地峡谷、民族文化、生态宜居等城市特质，加强城市规划、建设和管理。强化对城市空间、整体风貌、建筑风格、文脉承续等方面的规划和管控，着力提升靓化生态民族旅游城市品质和形象。统筹推进旧城改造和新城建设，有序推进城市立体开发，优化城市环境空间，实施市容市貌综合整治，推动有条件的区县城积极创建国家级卫生城市、全国文明城市，打造独具民俗风貌的山水城市。强化城市文脉传承。充分挖掘传统民族建筑内涵，突出苗族、土家族等民族建筑风貌，做好特色民族建筑保护修缮和建设工作。加强历史文化名镇保护，加快实施少数民族特色村镇保护和发展工程，开展传统文化村寨整体保护利用，做好古镇、古村寨、古民居等文化遗风保护。积极推进国家级文化生态保护实验区建设，对阿蓬江流域土家族苗族民俗文化生态区、酉水河流域土家山寨文化生态风貌区、黔江小南海土家族连片村寨文化生态区、重庆郁江流域盐丹文化生态区等区域实施整体性保护发展，加强南溪号子、酉阳民歌、土家族摆手舞、高台狮舞、苗族民歌等11个国家级非物质文化遗产项目和后坝山歌、濯水后河戏等80个市级非物质文化遗产项目的发掘、整理和合理利用。图11-7为渝东南地区的文化旅游活动现场。

（十）创新政策机制保障

充分发挥市级统筹作用，积极强化财税、土地、资金等三大政策导向，完善生态经济联动发展、生态资源转化促进、扶贫开发精准靶向等

（a）

（b）

图 11 – 7 渝东南地区的文化旅游活动现场

机制，为渝东南地区生态经济发展打造更加优良的环境。

强化三大政策导向。①财税政策导向。将民族地区地方级税收全留的财税体制，扩大范围覆盖到渝东南地区的所有区县（自治县），对中央财税体制调整下放的相关税收，市级不参与分成。因全面推开营改增试点减轻企业税负，造成渝东南区县（自治县）当期财政减收的，通过转移支付予以补助，确保其基本保障能力不受影响。进一步加大转移支付补助力度，由区县（自治县）自主选择项目、统筹安排使用的补助资金，占转移支付总量的比重不低于80%。教育、医疗、社会保障、农田水利、基础建设等社会事业发展方面的财政支出，60%以上由市级财政予以保障。市级特色效益农业、农业龙头企业贷款贴息等主要投向农村地区的专项资金，向渝东南地区予以倾斜。②土地供给导向。积极推动渝东南地区的区县（自治县）规划调整工作，合理确定区县城、小城镇、特色小镇发展规模，合理划定城镇开发边界。支持开展土地利用总体规划评估修改，优化国土空间布局。支持开展土地整治项目，优先安排新增耕地指标收购。优先保障重点产业园区和重点旅游景区建设，并允许其优先利用城乡建设用地增减挂钩保障用地。支持工业园区提高土地保障和利用水平，保障重点工业项目用地，并在不改变工业用途的前提下，对提高土地利用效率和增加容积率的，不再增收土地价款。对重点旅游项目公用性基础设施建设用地计划指标予以支持并优先纳入年度用地计划。③资金投入导向。运用财政奖补措施和货币政策工具引导金融机构加大信贷投放。继续按规定实施农村金融机构定向费用补贴、县域金融机构涉农贷款增量奖励政策。对符合条件的鼓励类行业中小微企业贷款、科技创新文化创意型中小微企业贷款、生态环保项目贷款、劳动密集型行业贷款增量按规定给予奖励。执行民贸民品贷款贴息政策，鼓励金融机构加大对民贸民品定点企业的信贷支持。积极开展农村小型水利设施、农机等涉农动产、地票、保单、存货、应收账款、农业科技专利等抵（质）押贷款。积极发挥政府资金的导向作用，吸引社会资本投入，支撑生态经济发展。支持有条件的企业通过发行企业债券、公司债券、中期票据等方式开展直接融资。运用市场机制设立渝东南地区生态经济走廊建设基金、市三峡产业投资基金、基础设施PPP投资基金、市产业引导股权投资基金等优先支持该区域生态经济发展。

完善机制。①生态经济联动发展机制。建立渝东南地区生态经济走廊协同发展机制，定期沟通协商重大项目、政策和重要事项，制定专项合作计划并逐年推动实施。加强产业对接协作，推动产业规划相互衔接，统一市场准入和市场监管制度，逐步统一土地利用政策、税费优惠、招商服务标准，共同制定产业跨行政区域转移、收益分配和协调机制的具体办法，鼓励联手招商、集团招商，探索跨区域联合开发、委托战略投资者成片开发、共建产业园基地等多元开发机制。

②生态资源转化促进机制。支持建立生态资源交易平台，鼓励率先开展碳汇、排污权交易，探索建立水权交易制度。支持发展能效贷款、排污权质押贷款、碳排放权抵押贷款等绿色信贷业务。提高重点生态公益森林生态效益补助标准，加大生态环境保护转移支付力度，在林业非税收入使用方面，向渝东南地区区县（自治县）重点倾斜。探索开展生态环境同育同治，共同严格实行新建项目环保准入机制，联合开展环境污染调查和处置，联手实施森林抚育和管护，探索区县间生态补偿制度、环境损害赔偿制度，建立生态环境同育同治、森林资源同育同管、水污染同防同治等协同机制。

③扶贫开发精准靶向机制。坚持把脱贫攻坚放在统筹城乡发展大局中去谋划和推动，以建卡贫困户、贫困村为重点，针对贫困地区主要制约和短板领域，扎实推进"五个一批"工程，精准实施基础设施、产业扶贫、教育扶贫、人口转移就业、高山生态扶贫搬迁、医疗卫生扶贫等工作，整体改善贫困地区生产生活条件。着力创新方式方法，积极完善兜底保障机制、贫困退出机制、后续扶持机制和结对帮扶机制，加大金融扶贫支持力度，不断巩固和扩大脱贫成果，助力乡村振兴。

附录
岩冲村精准扶贫各项制度与方案

岩冲村驻村精准扶贫经验与制度

为推动扶贫工作精细化、科学化，加快全面建设小康社会进程，切实改善村容村貌和贫困群众生产生活条件，促进社会和谐稳定，特制定本制度。

一　主任办公会议定期研究精准扶贫工作制度

认真落实"五级书记抓扶贫"要求，将精准扶贫作为一号政治任务，主任办公会议每季度至少研究 1 次，听取汇报、解决问题、督促落实，必要时实行一事一议。年初明确分管领导和 2 名以上专抓扶贫工作人员，扶贫工作队队员要脱产驻村专抓扶贫工作。

二　单位包村、干部联户制度

包村单位一把手为精准扶贫工作第一责任人，分管领导为重要责任人，扶贫工作队队长和队员为直接责任人，包村单位要统筹兼顾，提供人、财、物全方位保障。办公室干部联系至少 1 户以上贫困户，负责宣传扶贫政策，协助贫困户制定具体的帮扶和发展措施，帮助贫困户发展生产、扶持教育、医疗帮扶、脱贫致富，每年至少实地走访和解决问题 4 次以上，并按要求解决走访资金、填写帮扶记录。

三　项目管理制度

扶贫队员要积极争取各类项目，从完善水电路等基础设施入手，因地制宜改善村容村貌。要切实加强项目管理，按各部门要求进行质量、安全等监督管理，确保项目建设优质高效。要营造良好的施工环境，扶贫工作队要协调村组干部、党员群众等，协调解决各类矛盾纠纷，提供一流的施工环境。

四　财务管理制度

由办公室按要求落实村扶贫工作经费每年不少于××万元，给予扶贫队员每月不低于××元的补贴，走访慰问联系户处级干部不少于××元、科级干部不少于××元标准。严格财务报账，扶贫队员应按照办公室内部和县驻村办明确的财经纪律报销工作开支。

五　廉洁自律制度

扶贫队员要加强自身建设，严于律己，廉洁自律，确保干干净净干事、清清白白做人。要督促扶贫村推行阳光政务，发挥村民理财小组和村务监督小组作用，坚决防止"雁过拔毛"。定期在村内公示各类扶贫项目，接受村民、社会和新闻媒体等的监督。要定期主动邀请县纪委、县审计局、县财政局等相关单位开展扶贫村财务指导和检查工作，发现问题及时整改。

岩冲村巩固脱贫成效工作计划

2017 年 1 月

一　岩冲村基本情况

岩冲村区位独特，龙里公路穿村而过，东西隔开，海拔在 300～450 米，总面积约 6 平方公里，与麦茶社区、比耳村、树木村、长春村接壤，是里耶镇的行政中心。岩冲村人口较多，全村 8 个村民小组 301 户 1231 人，劳动力 660 余人，青壮年主要以外出务工为主。岩冲村民风浓郁，全村有刀苦坡、李家油房、五爱岩脚水井、农科站、齐心等 5 个自然寨，土家族人口占 95% 以上，绝大多数人会说土家语，是酉水河畔典型的土家族聚居区。岩冲地形奇特，属喀斯特地貌，地下多溶洞群，导致村民饮水困难。岩冲山多地少，修建碗米坡水库征收、淹没稻田 200 余亩，属淹地不迁房的碗米坡水库移民村。岩冲前景美好，是龙山县南边地区柑橘主导产业村，柑橘种植 1600 多亩，加上未来里耶旅游业发展，产业发展后劲强，全体村民脱贫致富奔小康的愿望一定可以实现。

二 脱贫帮扶成效

从 2014 年开始，根据岩冲村的基本情况，以 123 户 494 名贫困人口（2016 年 12 月数据）为主要扶持对象，以领导联村、单位包村、干部驻村、帮扶到户为手段，以改善基础设施条件为重点，以产业发展为支撑，着力在"精准"上下功夫，抓好基层组织、基础设施、特色产业和社会民生等建设，不断改善本村生产生活条件，不断增加本村贫困农民收入，让其最大程度分享社会发展红利。3 年来，县委办驻村扶贫工作队严格按照各级政府精准扶贫的精神，切实落实领导责任、切实做到精准扶贫、切实强化社会合力、切实加强组织建设。做到了扶持（贫）对象精准、项目安排精准、资金使用精准、措施到户精准、因村派人（第一书记）精准、脱贫成效精准。

具体成效如下。一是人人安全用水。全村村民实现安全用水，累计建设水窖 156 口，户户实现有人饮水窖，平均每 2 户共用 1 口水窖。二是人人出行亮化。在村主干道及人口集中区，安装路灯 122 盏，实现出行有照应、照亮到门口。三是人人共享服务。已建、在建文化广场、公共健身场所 3 个。四是户户安全用电。农网改造覆盖全村，3 台变压器共 450 千伏安，355 块电表，户户实现安全用电。五是户户住房安全。连续两年将岩冲村列为农村危房改造整村推进村，加大了扶贫建房力度，累计改造、新建、修缮房屋 54 栋（2015 年 24 栋，2016 年 30 栋）。六是道路硬化。全村实现村组主干道路硬化 5 公里，户间道路硬化 6 公里，新修产业路 10 公里。七是智能管理到家。在村主干道、自然寨等人口密集区安装广播喇叭，让政策方便到家。八是就医就学便利。全村贫困户由财政解决人均 150 元的农村合作医疗费用，贫困户按 85% 以上的比例报销医疗费用。就学条件大幅改善，各种补贴、学费减免全面落实。累计救助学生 60 余人次，救助贫困人口 40 余人次。九是集体经济壮大。品种改良 450 亩，提供 4.5 万多株苗木，全村柑橘产业红红火火。十是基层管理强化。驻村村支两委班子健全，村干部配备到位，严格执行扶贫工作队、村干部坐班制，实行为民服务全程办理，严格遵守驻村扶贫纪律和作风，扶贫队员和第一支书常驻扶贫村，建立健全了住宿、驻村、考勤登记等制度。通过 3 年的共同努力，2016 年全村整体退出贫困村，总脱贫户 123 户 494 人。

三 巩固脱贫计划

2017 年是里耶镇岩冲村巩固脱贫成效之年，县委办驻村扶贫工作队结合岩冲村的基本情况，紧扣巩固脱贫政策，494 人为主要帮扶对象。继续以单位包村、干部驻村、帮扶到户为帮扶手段。以多实施普惠政策为途径，提高全村人民获得感与满意度。以农村一二三产业融合发展，发展岩冲村的主要农业支柱产业，壮大农业产业经济和旅游经济，实现农业强、农民富。以通村到户道路硬化、主干道路绿化亮化、文化广场标准配齐、户户花香四溢等的配套建设，实现农村美，为全面建成小康社会打下坚实的基础。

一是基础设施。有效整合各类扶贫资源，继续抓好村组（自然寨）公路和产业路、饮水安全、"五小水利"、危房改造等基础设施建设完善与配套，争取水、电、路、房全覆盖，进一步提高岩冲村基本公共服务保障水平，改善贫困村农民生产生活条件。二是特色产业。重点围绕柑橘、脐橙、养殖等产业，突出能人带动、搭建平台、抱团发展，促进全村农民就近就地创业，走出一条市场化致富奔小康的新路子。三是教育培训。加大对教育的投入，实现对贫困学生救助的全覆盖，做到义务教育、适龄儿童入学率 100%。抓好对致富带头人、农民实用技术和创业技能的培训。四是社会事业。新建卫生室1个、农家书屋1个，配齐配套设施。抓好新农合、新农保工作，保证全村新农合参加率100%，新农保参加率95%以上。加大对孤寡老人、残障人员的帮扶，一个不漏地托住基本生活底线。五是思想阵地。建设1个文化广场、1个篮球场、1个乒乓球场、1个远程教育站点，配备完备文体设施，建设1个村务公开栏，5个美丽乡村建设、扬善美好宣传栏。六是村风民风。在全村开展星级农户创建活动，开展有民族特色的健康的节庆活动，开展好家风、好家训的宣传和评比活动，开展除陋习、讲文明、树新风评比活动。结合本地风俗，制定符合法律法规和社会主义道德风尚的村规民约，使村民自觉遵纪守法，杜绝刑事犯罪和群体性事件。推选两名文化专干，组建一支业余文艺宣传队，开展积极向上、具有农村特色的农民趣味文艺表演，并形成长效机制。七是美丽乡村。2017年全村重点开展美丽乡村建设，通过多渠道多方式开展创建评比活动，形成长效机制，组建评分小组，让百姓全程参与，每月开展打分评比活动，对美丽整洁的院落挂"最美庭院"并实施鼓励性质的物质奖励。八是帮扶责任。龙山县委办结对帮扶里耶镇岩冲村，全县委办党员干部和扶贫队员结对帮扶脱贫户。帮助脱贫户开拓发展思路，制定发展规划，帮助农户进行技能调训、培训，实施柑橘品改，引导农户自力更生、自主创业，帮助农户协调落实扶持项目，解决生产经营中的实际困难。巩固提升，全村主要指标达到全国平均水平。

四　巩固成效分析

一是经济效益。通过实施巩固脱贫，实现"一年一个样，三年大变样"，不断增加帮扶农民收入，通过以支部为阵地、以能人为带动、成立专业合作社的"支部＋职业能人＋专业合作社＋全村百姓"的模式，抱团发展，带动全村百姓致富、奔向小康。二是社会效益。增强群众的科技意识、市场意识，提升自我发展能力，提高群众的经济文化生活水平，从而使党的富民政策深入人心，提高党和政府在群众中的威望和信誉，实现村风民风好、社会治安好，为当地的经济建设协调发展提供坚实有力的保障。三是扶贫效益。农村居民收入不断增加，到2020年与全国人民同步实现小康。

岩冲村合作社工作方案

以如期脱贫、共赴小康为目标。岩冲村立足山多地少、人畜饮水困难、现有柑橘品种缺乏竞争力、基础设施差、常住人口少、贫困人口多的实际村情，紧抓州级美丽乡村示范点建设、新一轮扶贫启动、县委书记扶贫联系点、里耶旅游快速发展、里耶行政中心迁入的时代机遇，转变发展观念，创新发展方式。按照"一年打基础、两年见成效、三年出特色"的总体思路，以激发农村内在动力活力、增加农民收入、增强农村基层组织战斗力、壮大村集体经济实力、寻回村庄凝聚力等为具体目标，在前两年建设取得硕果的基础上，学习借鉴"郝堂经验""塘约模式"。以政府为引导，在岩冲村域内，由村两委主导发起，乡贤和骨干村民带头自觉自愿参与，组建与农村土地集体所有制及统分结合双层经营体制相匹配的"三位一体"综合性服务组织（合作社），以"三起来"（农民组织起来、资源集约经营起来、产权交易起来）促"三变"（资源变资产、资金变股金、村民变股民），激发岩冲村内生动力。加快美丽乡村建设，建立扶贫长效机制，实现如期、持续有效脱贫，2020年共赴小康的目标。

以合作社为平台，实现产业升级和发展转型。2013年，岩冲村8个村民小组301户1231人，其中贫困户126户515人，人均收入不足2800元，常住人口不足500人，是出了名的"岩窝窝"。以柑橘产业为主，种植面积1500亩，总产量300万斤，其中蜜橘100亩、椪柑700亩、橘橙700亩。全村家家有柑橘，其中柑橘大户10亩以上的5户，5

亩以上的 50 户。但面临品种落后、品质不佳、地块零散、产品附加值低的尴尬局面,难以实现产业化、生态化种植。借助此次发展机遇,以合作社为平台,实施品改,做强产业,实现产业升级。建设里耶新行政中心和后花园,壮大集体,引导村民从单一的农业产业转向一二三产业融合发展,逐步实现转型发展。

合作社的现实意义。壮大集体经济实力、提升村两委治理村庄的能力、激发村级动力、助推美丽乡村建设。村集体通过对接政府资源和社会资本,发展壮大集体经济,实现村集体资产管理及保值升值。村两委通过合作社服务领导和服务村民,村两委带头,积极发挥党员先锋作用,提升村两委治理村庄的能力,实现美丽乡村建设后村庄的有效经营和管理。美丽乡村建设过程中撬动村内资金,与财政资金形成合力,发挥财政资金的杠杆作用,整合资源升级产业,放大资金、产品效应。

形成长效机制,助力精准扶贫。统筹整合、有效管理使用各项财政扶贫资金,通过扶贫资金给贫困户配股入社的方式,用产业带动,合作社 + 贫困户的模式建立利益联结机制,形成利益共同体,建立脱贫致富的长效机制。通过合作社整合闲置土地、房屋等资源,村民以折价作股入社市场经营、抵押借款的方式增加村民财产性收入,增多贫困户资金来源渠道。

转变发展模式,实现共赴小康。岩冲村是省美丽乡村打造的重点村,也是里耶行政职能的迁入村,在后期发展中周边人数较少的村庄会逐渐撤并入岩冲村,村民也会迁入。可以预见,在村庄建设发展中需要边建设边治理边经营,在建设壮大村集体经济的同时,在村内发展村办企业,带动老百姓发展各种服务产业,从以农业为主转为以服务业为主,利用地缘优势和产业平台实现一二三产业的融合发展,达到家家有产业、户户有项目、人人有事做、全村能致富、全村赴小康的效果。

搭建平台,给村民提供生产、生活中的实际服务。解决村社服务难的问题。岩冲村在千年难遇的发展机遇面前,村内年轻人纷纷自愿回家发展，但在各类产业发展上资金、技术指导需求难以突破。通过合作社平台整合资金和服务技术能够解决村里年轻人回家创业遇到的实际问题。

解决农村贷款难的问题。农村因土地、房产抵押担保难等因素的局限，村民从银行等金融机构获得贷款的难度较大。合作社让村民享受到以合作社为平台的普惠金融服务，解决村民发展资金短缺的难题，扶持村民开展产业升级和转型。合作社给村庄柑橘产业资源整合提供支撑，促进农业产业提档升级，通过品改项目，打造岩冲柑橘新品牌，提升农产品附加值，把岩冲的柑橘资源整合起来。

重建传统乡土农村秩序，重塑村风文明。当前，部分村民道德底线丧失，邻里之间不能和睦相处、互帮互助，缺乏诚信和自信，表现冷漠与自私。因此，传统乡土农村秩序重建非常重要，其实现方式可通过信用合作，逐步建立起村民与村民之间的信任和互助机制，建立起村民与村两委之间、村民与政府之间的互信关系；同时以宣扬敬老孝道为起点，弘扬中华民族传统美德，唤醒村民的公益心和公德心，促进乡风文明、环境美化的建设，进而促进社会安定团结与和谐，形成"自己的发展自己干，村民的事情村里帮"的村庄风气，为社会主义新农村建设提供良好的精神动力。

合作社组织架构。岩冲村合作社由老人社员、乡贤社员、党员社员、柑橘大户社员、建档立卡户社员、存款社员、企业社员、普通社员、房屋社员、土地社员组成，社员（代表）大会是最高权力机构。合作社下设党小组、理事会、监事会3个执行管理部门，理事会下设办公室、资金互助部、联合购销部、产业服务部、社区服务部、财务部执行合作社日常工作，监事会监督合作社工作，党小组组织指导合作社工作。合作社收益中，15%用于老人社员分红，15%用于（建档立卡）户分红，15%作为公积公益金，15%作为风险金，10%作为管理费，30%用于其他社员分红，每年农历腊月二十三召开分红大会。

合作社运营以需求为导向。对不同村民、村民组织、党委和政府的需求进行调查评估，以需求为导向确定合作社的功能，以满足各类人群的需求，争取村民最广泛地参与。以需求定资金规模，规模不是越大越好，突发需求以优先股的方式在老人社员或乡贤社员中筹集。

以巩固村社共同体主体性为根本目标。坚持村社利益共同体原则，促进村庄经济发展、社区建设和社区治理"三位一体"，实现产权、财权、事权和治权"四权统一"，使村社土地集体所有制和集体经济、统分结合双层经营体制、党支部领导下的村社利益共同体成员民主自治名副其实。

以在内部成员中封闭运行为基本原则。村社共同体内合作社成员的信用是以村社为边界，合作社成员的成员权、份额地权、承包权等也只能在村社内部合作社中作为有效抵押品。

以老人小组审批贷款为管理基础。村社内置金融的管理实行党小组组织指导、理事会执行、监事会监督下的理事长负责制，贷款管理是最基础的管理。贷款管理最有效的方式是将老人社员分成若干贷款管理小组，将贷款指标划归老人贷款管理小组，社员借贷要向老人小组申请，老人贷款管理小组同意贷款后理事会才能审批贷款。一般情况下，理事长或理事会不能跳过老人贷款管理小组发放贷款。

以政府资金和乡贤敬老资金为种子。合作社发展前期比较弱小，老百姓长期以来是分散的，因此，合作社发展需要党委、政府的大力支持，政府种子资金的支持尤为重要。目前，中央政府对合作社发展的资金支持增加，使地方政府更有条件为合作社注入种子资金。以政府种子资金引导乡贤注入敬老资金，撬动村民入社资金。

以民主制定章程为起点。合作社的章程必须由发起人和骨干社员主导制定，党委、政府协助。制定章程的过程，是达成契约的过程、是自我教育的过程、是发现合作社领导人的过程，这个过程不能省，必须扎扎实实做，不能拿别人的章程套用。

以土地抵押作为安全底线。除运用村社熟人社会的社会资本提高信用安全外，把村社成员的地权抵押作为合作社信用安全的基础保障。以独立核算为"防火墙"。合作社是村社共同体最重要、最核心的组成部分。合作社不是村社的"财政部"，是村社的"国民银行"。村社内部的其他部门可以不盈利，但合作社不能垮掉，而且还要赚钱。所以合作社一定要独立核算。

以乡贤和老人社员为核心社员。合作社有多种社员，但要以乡贤社员和老人社员为核心社员。理事会和监事会主要由乡贤构成。村两委主要领导人也要做乡贤。

以服务为重点。家庭做生产比合作社做生产更有优势。专注于服务，不把合作社的钱直接投入生产，是合作社降低经营风险的最有效办法。合作社可以有效解决社员的贷款难问题，因为它利用村社共同体的特点，有效规避了金融机构在农村管理无抵押贷款时的高成本和高风险。其核心是建立起与产权相适应的制度体系，能够使社员土地产权（成员权、承包权、经营权）抵押贷款。

有完整的管理架构以及专职工作人员。理事会：5~9人的理事会，选举出有意愿、有能力的理事长专门负责具体事务。监事会：5~9人的监事会，要真正监督合作社业务是否按照合作社章程办事。资金互助审批小组：5~9人的资金互助审批小组，每笔借款都需资金互助审批小组审批同意才可办理。专职人员：资金互助业务办理必须由一个具备会计资格的专职人员经手。

岩冲村创建美丽湘西示范村实施方案

里耶镇岩冲村是龙山县委书记扶贫联系点、县级脱贫攻坚示范点、2016年整村脱贫示范村，由县委办派驻村扶贫工作队队员开展精准扶贫和精准脱贫工作。为了提高村民环保意识、建设美丽岩冲、打造良好人居环境，特制定本方案。

一　指导思想

根据州、县美丽湘西创建工作和精准扶贫工作要求，结合村情实际和村民实际，有计划、有步骤地持续推进美丽岩冲建设工作。

二　工作目标

利用 2~3 年，将岩冲村建成风貌独特、环境优美、设施完善、民风淳朴的美丽村庄。

三　工作内容及措施

1. 完善村内基础设施。由县委办扶贫工作队统筹，加快组级路、入户路和户间道硬化项目进度，加快路灯等亮化项目进度。加快其他相关项目的获取和衔接力度，为创建工作夯实硬件基础。

2. 打造竹篱笆围栏。根据本村实际，由县委办扶贫工作队统筹，对人口集中地区的菜园，找篾匠、买竹子，全部编制竹篱笆，体现农村特色。

3. 打造美丽庭院。由县委办扶贫工作队统筹，协调项目和资金，给全村各家各户打造 1~2 个花台、提供苗木和花卉，村民自己填土，对庭院进行美化。庭院已经硬化的，提供盆栽的花卉。在全村 5 个自然寨或人口集中地区的空地建设组级或者自然寨的小花园。对公共地域和公路两边土地，购置花卉种子，沿路抛洒，形成自然的花草带。

4. 逐步硬化庭院及农户房前屋后空地。由县委办扶贫工作队统筹，积极申报项目，主动联系社会爱心企业，采取项目报一点、企业捐一点等方式，统一购买水泥砂石，鼓励村民出工出力，硬化自家庭院。

5. 逐步加强家禽养殖圈养工作。由县委办扶贫工作队统筹，从工作经费中拿出部分资金，购买塑胶网子，由村民圈定地方，对家禽等设置隔离区。

6. 加大改厕等工作力度。由县环保局解决垃圾清运车 1 辆，新修建 6 座垃圾收集屋。协调县城管局，提供洒水车 1 辆，购置保洁人员衣服 30 余套、手推车等 10 余辆。由县美丽办、县环保局 2016 年完成 60 户改厕工作。2017 年继续申报项目，逐步完成全村农户改厕工作。

7. 建设高规格宣传阵地。在入村口、村部等放置高标准美丽湘西宣传牌，在村部放置 6 个以上宣传牌，在 5 个自然寨各放置 1 个宣传牌，在村内其他适宜位置放置和村内环境相协调的宣传牌等 20 余处。对全村所有农户，发放 1 卡 2 桶。

8. 制定具有本村特色的《岩冲村村规民约》，并摆放在显著位置。《岩冲村村规民约》中必须有惩恶扬善的具体措施和奖惩办法。学习花垣、凤凰等经验，逐步推行里耶镇岩冲村环境卫生合格证制度，全村所有村民凭证到镇政府及金融部门办理相关业务。今后，岩冲村普惠性质的政策和项目、资金等，一概与环境卫生挂钩。卫生干净的农户优先考虑批给项目和资金。

9. 建立岩冲村环境卫生保洁制度。结合村护林员、公路养护员等，通过村民推荐、会议评定等程序，以自然寨为单位，确立 5 名村公共区域保洁员（2 名原聘请清扫公路人员优先考虑），每人每月 500 元，共计 2500 元，全年 3 万元。临时迎检突击工作，由县委办扶贫工作队统筹里耶镇、岩冲村予以安排。

10. 建立岩冲村村民环境卫生评比考核制度。分两个层次：第一个层次，5 个自然寨保洁员；第二个层次，全村所有村民，以房屋户数为准。由县委办扶贫工作队统筹，每月进行一次考核、讲评，奖优罚劣。

四　工作步骤

1. 成立里耶镇岩冲村创建州美丽湘西示范村工作领导小组，由里耶镇人大主席向军任组长，县委办扶贫工作队第一书记谭明交任常务副组长，扶贫队员吴建华、驻村干部向邦培、村支部书记彭志新为副组长，其他村主干、小组长等为成员。领导小组下设办公室，办公室设在岩冲村村部，由吴建华任办公室主任，主要负责按月考核评比工作，向邦培、彭志新兼任办公室副主任，具体负责岩冲村创建的日常工作。

2. 时间要求。一是力争10月底，由县委办扶贫工作队统筹，组织镇政府、扶贫队员、村干部、小组长、党员等，在全村301户，上门入户，开展一次讲卫生、爱整洁活动（房前屋后卫生干净、物品摆放有序整洁、畜禽实行圈养、白色垃圾就地焚烧），发放宣传资料，提出改进措施。利用村内广播，定期播报相关知识，积极营造良好的舆论氛围。二是11月初，适时以组或自然寨为单位，对陈年垃圾进行全村大突击、大整治。邀请县美丽办派人实地指导，宣讲创建要求、垃圾分类等业务工作。协调里耶镇洒水车，对村内主要公路进行冲洗。召开村民大会，保洁员发言表态，宣传好创建工作的必要性，以及搞好该工作的实惠性，宣传村规民约，发放1卡2桶，达到发动群众、群策群力的目的。三是11月中下旬，深入推进基础建设、宣传工作、改厕项目等工作进度，启动考核评比，继续做实相关工作。四是12月份，完善软硬件资料，确保顺利迎检。

3. 资金筹措。里耶镇、县公路局、县林业局等拨付岩冲村的专项经费由县委办扶贫工作队统筹管理，不足部分由县美丽办解决一部分、里耶镇政府解决一部分，其他由县委办扶贫工作队统筹解决，严格按月结算。

五 严格监督，兑现奖惩

1. 县委办扶贫工作队负责对创建小组工作进行日常监督和奖惩兑现，由吴建华同志牵头负责对村民和5名村保洁员进行考评。每月将考评结果报县委书记、县委办主任和县委办分管扶贫工作领导、里耶镇书记、镇长及分管领导和县美丽办。

2. 奖惩标准

（1）村民奖惩（由吴建华同志牵头负责，彭志新同志协助抓好落实）。每月按自然寨奖励"里耶镇岩冲村创建美丽湘西示范村×月示范户"3~5户，每户奖金100元或者奖励香皂、牙刷、洗衣粉、毛巾、食用油等生活用品；每月每个自然寨处罚1~3户，在全村张榜和广播内批评。对于每月所有结果，按自然寨予以公布。长期外出务工的，粘贴外出务工鉴别标志，不纳入评比范围。一旦回家生活，纳入评比范围。凡被抽中（或者检查到户）村检、县检，未扣分的农户每次奖励30元、50元或者同等价值生活用品。被州检抽查的农户，顺利通过州检的，每户奖励100元或者同等价值的生活用品。

（2）保洁员奖惩（由吴建华同志牵头负责，向邦培同志协助抓好落实）。每月按区域进行1次检查，评选1~2名最佳保洁员，奖励100元。惩罚措施：在村里检查、县里检查和州里检查验收过程中，在7个区域中，村检、县检和州检每扣1分分别罚款10元、20元和30元。村检、县检和州检不扣分或者进入先进序列的，每次分别奖励被检查区域保洁员100元、200元和300元。

（3）村主要干部（含村第一书记）奖惩（由吴建华同志负责，具体人员为向邦培、彭志新、彭贤利、彭官英、杨水莲，每个人负责联系和指导1个自然寨）。岩冲村在里耶镇每月考评中，排在1~3名，每人奖励100元；排在倒数1~3名，每人罚款80元。岩冲村在县美丽办每月考评中，扣分8分（含8分）以下，每人奖励200元；扣分8分以上，每人罚款100元。州美丽办考核验收通过，一次性奖励每人500元；未通过的，一次性罚款每人300元。

3. 处罚资金统一归入工作经费，作为下月奖励资金使用。

岩冲村同建同治工作整治实施方案

为进一步落实镇党委、镇政府关于做好城乡同建同治工作的有关精神，切实改善岩冲村卫生面貌，营造舒适的人居环境，提高人民群众的生活质量，实现"村庄美、村民富、村风好"的目标，现结合岩冲村实际，特制定本方案。

一 指导思想和工作目标

以科学发展观为总揽，认真贯彻落实县、镇会议精神，集中开展以"三化四起来"（净化、绿化、亮化和交通畅起来、居容美起来、治安好起来、群众动起来）为主要内容的"治脏、治乱、治差、治堵、治安"环境综合整治大行动。岩冲村以改善社镇生态环境和社镇容貌为抓手，实施"三清工程"达到"三化目标"，即清洁家园、居民美化，清洁田园、村庄洁化，清洁水源、河渠净化。

二 组织领导

成立同建同治整治工作领导小组，以村支部书记彭志新、村主任彭贤利同志为总负责，负责岩冲村同建同治各项工作全面事宜。其他村支两委成员实行分片负责制度，各组部分党员、组长、群众代表等均实行包组包户。

三 整治范围及整治内容

（一）整治范围

本村所有区域均纳入本次同建同治整治范围。

（二）整治内容

1. 各屋边、路边、水边、田边的裸露垃圾，乱堆、乱放、乱晒现象，卫生死角，污水乱排，露天粪坑等。

2. 公路边杂草，路面不清洁等。

3. 路边栽种与亮化、美化、绿化无关的蔬菜作物。

4. 农户房前屋后东西摆放不整齐，沟渠不畅通，禽畜未圈养，粪便处理未达到无害化，庄院绿化美化卫生整洁不达标等。

5. 村级未统配垃圾桶，没有进行垃圾分类收集，煤灰、菜脚、死动物、建筑垃圾没有处理好等。

6. 室内家具摆放情况，地面不清洁，墙壁灰尘蛛网，厨房不整洁，厕所异味，房前屋后裸露垃圾等。

四　区域划分及片区管理要求

（一）区域划分

全村共分为 3 个区域。

第一区域为 1 组、2 组、3 组，由计育专干杨水莲、综治专干彭官英同志负责。

第二区域为 4 组、5 组、7 组、8 组，由村主任彭贤利同志负责。

第三区域为 6 组，由村支部书记彭志新同志负责。

（二）片区管理要求

一是要求各组组长对所辖区的公共区域、鱼塘及组道的零碎垃圾每周清扫 1 次，并注意保洁。

二是要求各家各户负责清扫保洁自家房前屋后，并按标准做好可视范围内无煤灰及白色垃圾，同时，做好垃圾分类，将废弃垃圾送至指定地点等。

三是安排专职保洁员负责村级主路的卫生保洁。由村主任彭贤利负责全村排渠道、橘园路、山塘水库。

五　奖罚措施

由村委会每月定期组织村支两委、各小组组长、部分党员代表、群众代表开展卫生检查，实行公示，实施奖惩。

（一）奖励

每月召开一次"最美庭院"评选活动，按照检查细则要求，将得分在90分以上且卫生环境好的前10户农户评选为"最美庭院"，进行挂牌，并给予洗衣粉、脸盆、水桶等物质奖励。

（二）处罚

根据检查细则要求，对得分在80分以下，且卫生环境差的组进行通报批评，同时，对该组长进行诚勉谈话；对连续出现3次及以上的，将对该组组长予以罢免；同时，对卫生环境极差且屡教不改的农户，将按照《岩冲村村规民约》规定，以集体表决的方式，取消该农户享有的一切国家各项优惠政策且在全村公示，并视整改情况确定恢复日期。

岩冲村2017年创建美丽湘西建设精品村工作方案

里耶镇岩冲村是龙山县委书记扶贫联系点、县级脱贫攻坚示范点、2016年整村脱贫示范村、县美丽办美丽创建工作联系村，现有8个村民小组1231人，土家族占90%以上，其中贫困户123户494人，含5个自然寨，由县委办派驻村队员开展精准扶贫、精准脱贫工作。为了提高村民环保意识、建设美丽岩冲、打造良好人居环境，成功创建美丽湘西建设精品村，特制定本方案。

一 指导思想

按照"因地制宜、突出特色、实事求是、稳步推进"的原则，根据州、县美丽湘西创建工作和精准扶贫、精准脱贫工作要求，结合土家风俗、村情实际和村民意愿，有计划、有步骤地持续推进美丽岩冲建设工作。

二　工作目标

聚焦"五园"（即花园、菜园、果园、乐园、公园）目标，通过2～3年，将岩冲村建成全州有名、风貌独特、环境优美、设施完善、民风淳朴的美丽村庄。

三　工作内容、步骤及措施

对照美丽湘西建设精品村细则和要求，在完善美丽乡村村庄规划的基础上，统筹考虑产业发展规划、村庄布局规划、土地利用规划、生态建设规划、公共服务规划，用规划引领，高标准推进岩冲村美丽创建工作。

（一）加强领导、健全机构（4月）

4月下旬，成立里耶镇岩冲村创建州美丽湘西建设精品村工作领导小组，由县委常委、县委办主任符家波任组长；县委办副主任康鹏、朱常武，里耶镇人大主席向军任副组长；县美丽办常务副主任田启明任办公室主任；县委办扶贫队员谭明交、向邦培，驻村干部唐广平、张庆和，岩冲村主任彭贤利等为成员。领导小组办公室设在岩冲村村部（暂设扶贫队员驻地），由谭明交、唐广平、彭贤利同志负责具体落实。同时，制定相关工作制度，审核后上墙。力争4月末邀请相关领导带领县直部门现场办公，研究和调度美丽乡村创建工作。请求各相关单位提供经费预算和保障，不足部分，由县委办扶贫工作队从工作经费中统筹解决。

（二）营造氛围，对接项目（5月）

积极宣传，上门入户，由县委办扶贫工作队统筹，组织镇政府、扶贫队员、村干部、小组长、党员等，对全村301户上门入户，开展一次讲卫生、爱整洁活动（房前屋后卫生干净，物品摆放有序整洁，畜禽实行圈养，白色垃圾就地焚烧），发放宣传资料，提出改进措施。利用村内广播喇叭，定期播报相关知识，积极营造良好的舆论氛围。聚焦创建细则，由县委办扶贫工作队牵头，和各项目单位搞好对接，启动和实施一批项目。5 月中下旬，适时以组或自然寨为单位，对陈年垃圾进行全村大突击、大整治。邀请县美丽办派人实地指导，宣讲创建要求、垃圾分类等业务工作。协调里耶镇洒水车，对村内主要公路进行冲洗。召开"2017 年里耶镇岩冲村创建美丽湘西建设精品村工作启动会"，特邀部分领导和县直单位参加，保洁员发言表态，宣传创建工作的必要性，以及搞好该工作的实惠性，宣读《岩冲村村规民约》。

（三）深入创建，突出特色（6～11 月）

1. 完善村内基础设施。借鉴比耳村进村大门，打造岩冲村土家特色大门。由县委办扶贫工作队统筹，全部完成 8 个小组组级路硬化。新修产业路 8 公里，力争硬化 3 公里以上。积极筹措资金加快入户路和户间道建设进度，力争年内完成 3 米宽入户路 896.5 米、1 米宽户间道 362 米，预计资金 25 万元。整修水源点 6 个以上。增加太阳能路灯覆盖面，新增太阳能路灯 100 盏以上，逐步从主干道向农户集聚区建设。在村部旁新修占地 2 亩左右的停车场，新建厕所 1 个。加快其他相关项目的争取和衔接力度，为创建工作夯实硬件基础。

2. 抓好产业提质提升。由县农业局解决柑橘苗 3 万余株，并提供品改低改等相关技能培训。组织村党员、干部和能人到泸溪县等考察学习，发展休闲观光柑橘业，抓好橘园内观光游道和采摘道硬化试点工作，建成 1 个以上试点园区。成立种养殖合作社 1 个以上，购买洗果机 1 台，让能人带动贫困户增收。重视集体经济发展，积极申报和建设光伏项目 1 个。

3. 打造美丽庭院、菜园。一是由县委办扶贫工作队统筹，协调项目和资金，给全村各家各户打造 1～2 个花台，提供苗木和花卉，村民自己填土，对庭院进行美化。有空地的，提供果苗或花苗。庭院已经硬化的，提供盆栽的花卉。在全村 5 个自然寨或人口集中地区的空地，打造组级或者自然寨的小花园。对公共地域和公路两边，购置花卉种子，沿路抛洒，形成自然的花草带。二是逐步硬化庭院及农户房前屋后空地。由县委办扶贫工作队统筹，积极申报项目，争取年内完成。若项目资金争取难度大，则主动联系社会爱心企业，采取项目报一点、企业捐一点的方式，统一购买水泥砂石，鼓励村民出工出力，硬化自家庭院。三是打造竹篱笆围栏。根据本村实际，由县美丽办和县委办扶贫工作队统筹，从人口集中地区的 8 组菜园逐步向全村推广，种木槿、找篾匠、买竹子，全部编制竹篱笆、木槿墙，力争保持农村原有风貌，体现农村特色。四是逐步加强家禽养殖圈养工作。由县委办扶贫工作队统筹，加强对村民的宣传和引导，从工作经费中拿出部分资金，购买塑胶网子，由村民圈定地方，对家禽等设置隔离区。

4. 加大改厨改厕清扫清运等工作力度。由县农业局解决节柴灶 300 余口、享受补贴的太阳能热水器 40 余台、水塔等 60 余个。由县环保局或者县城管局解决村级洒水车 1 辆，根据村民需要修建垃圾焚烧屋若干，购置保洁人员衣服 30 余套，手推车、电动车等 10 余辆，统一标志"美丽岩冲"。由县美丽办、县环保局改厕 100 户，力争 2018 年完成全村农户改厕工作。

5. 建设高规格宣传阵地。积极谋划和制作简单实用的村情简介卡，美丽建设宣传单、宣传册、宣传片。在村口、村部等放置高标准美丽湘西建设精品村宣传牌，在村部放置 6 个以上宣传牌，在 5 个自然寨各放置 1 个宣传牌，在村内其他适宜位置放置和村内环境相协调的宣传牌等 20 余个。对全村所有农户，发放 1 卡 2 桶。同时，制作岩冲特色的路牌、树牌等各类标识牌。

6. 加强土家文化保护传承。积极筹措资金，咨询专家人士，提出初步方案，修缮岩冲村土家族最大招牌的具有数百年历史的"彭家祠堂"。对村内具有民俗文化保护价值的 3~5 栋房子（原来地主家）进行特色民居改造。组建村内土家文化活动队伍，筹建摆手舞队 1 个、龙灯队 1 个、舞狮队 1 个以上。同时，筹建农民健身组级广场 1 个以上，成立岩冲村篮球队。

7. 制定具有本村特色的村规民约，并摆放在显著位置。村规民约中有惩恶扬善的具体措施和奖惩办法。学习花垣、凤凰等经验，逐步推行里耶镇岩冲村环境卫生合格证制度，全村所有村民凭证到镇政府及金融部门办理相关业务。今后，岩冲村普惠性质的政策和项目、资金等，一概与环境卫生挂钩。卫生干净农户优先考虑批给项目和资金。逐步建立科学合理的利益导向机制。

8. 建立岩冲村环境卫生保洁制度。综合考虑村护林员、公路养护员等，通过村民推荐、会议评定等程序，以自然寨为单位，确定 5 名村公共区域保洁员（2 名原聘请清扫公路人员和低保户、贫困户等优先考虑），每人每月 500 元，共计 2500 元，全年 3 万元。临时突击大清扫工作，由县委办扶贫工作队统筹安排。

9. 建立岩冲村村民环境卫生评比考核制度。分三个序列：第一序列，5 个自然寨保洁员，切实发挥公共区域日常保洁作用，推动保洁常态化；第二序列，村支两委干部、党员、小组长，发挥督促示范带动作用；第三序列，全村所有村民积极参与，以房屋户数为准。由县委办扶贫工作队统筹，每月进行一次考核、讲评，奖优罚劣。

（四）总结表彰，建章立制（12 月）

按照州县的要求，完善软硬件资料，确保顺利迎检。召开总结大会，总结经验，完善规章制度，表彰先进。

四 严格奖惩，强化保障

1. 县委办扶贫工作队负责对第一序列和第二序列的考核评比及讲

评工作。具体由谭明交同志负责。唐广平同志负责第三序列的考评、讲评工作。每月将考评结果报领导小组成员及相关单位。

2. 奖惩标准

（1）第一序列：保洁员奖惩（由谭明交同志牵头负责，向邦培同志协助抓好落实）。每月按区域进行 1 次检查，评选 1~2 名最佳保洁员，奖励 200 元。惩罚措施：在村检、县检和州检验收过程中，5 个区域中，村检、县检和州检每扣 1 分，分别罚款被检查区域保洁员 10 元、20 元和 30 元。村检、县检和州检不扣分或者进入先进序列的，每次分别奖励被检查区域保洁员 100 元、200 元和 300 元。连续 2 个季度的村内评比中，累计排名倒数第一 3 次以上（含 3 次）的保洁员，由县委办扶贫工作队批评教育、责令整改。拒不整改或者整改成效不明显的，予以辞退。

（2）第二序列：村支两委干部、党员、小组长奖惩（由谭明交同志牵头负责，向邦培同志协助抓好落实）。每月检查 1 次，按得分多少取前 5 名，授予"2017 年 × 月美丽湘西建设精品村创建示范户"荣誉红旗 1 面，每户奖金 100 元或者奖励同等价位生活用品。其他合格的，比照第三序列享受奖励。此序列人员得分在 60 分以下的，每户扣除 100 元，所扣资金年末从县委办工作队误工经费中扣除。

（3）第三序列：村民奖惩（由唐广平同志牵头负责，张庆和同志协助抓好落实）。每月检查 1 次，按自然寨得分多少取前 5 名，授予"2017 年 × 月美丽湘西建设精品村创建示范户"荣誉红旗 1 面，每户奖金 100 元或者奖励香皂、牙刷、洗衣粉、毛巾、食用油等生活用品；每月每个自然寨处罚 1 户，进行批评教育，并在自然寨和全村公示。长期外出务工的，粘贴外出务工鉴别标志，不纳入评比范围。一旦回家生活，纳入评比范围。凡被抽中（或者检查到户）村检、县检未扣分的农户每次分别奖励 30 元、50 元或者同等价值生活用品。被州检抽查的农户，顺利通过州检的，对被抽检的农户每户奖励 100 元或者同等价值的生活用品。

3. 试行干部包寨，强化监督检查。推行 1 名扶贫队员、驻村干部、美丽办干部+1名村支两委干部联系指导1名保洁员+1个自然寨制度，由县委办扶贫工作队、镇驻村干部和村支两委干部联系5个保洁员和5个自然寨，负责宣传、指导和督查美丽创建工作。该项工作由田启明负责实施。谭明交、向邦培、唐广平、张庆和、县美丽办1人、彭贤利、彭官英、杨水莲、村支两委其他成员2名，每2人负责1个自然寨。岩冲村在里耶镇每月考评中，排在1~3名，每人奖励100元；排在倒数1~3名，每人罚款80元。岩冲村在县美丽办每月考评中，考核得分排在1~3名，每人奖励200元；排在倒数1~3名，每人罚款80元。州美丽办考核验收通过，一次性奖励每人500元；未通过，一次性罚款每人300元。

4. 关于处罚资金使用。统一归入工作经费，作为下月奖励资金。

岩冲村村规民约

一 社会治安

1. 每个村民都要学法、知法、守法、自觉维护法律尊严，积极同一切违法犯罪行为做斗争。

2. 自觉维护社会秩序和公共安全，不扰乱公共秩序，不阻碍公务人员执行公务。

3. 严禁偷盗，敲诈，哄抢国家、集体、个人财物，严禁赌博，严禁替罪犯藏匿赃物。

4. 爱护公共财产，不得损坏水利、道路交通、供电、通信、生产等公共设施。

5. 村民发生纠纷的，要申请村调委会调解，村里调解不好的可以到镇调解，不得扯皮打架。

二 消防安全

1. 加强野外用火管理，严防山火发生。村民野外用火发生火灾损失的，除应赔偿由此带来的一切经济损失外，视情节轻重追究法律责任。

2. 家庭用火做到人离火灭，严禁将易燃易爆物品堆放在户内、寨内，定期检查、排除各种火灾隐患。

3. 对村内、户内电线要定期检查，损坏的要请电工及时修理、更新，严禁乱拉乱接电线。

4. 加强村民尤其是少年儿童安全用火用电知识宣传教育，提高全体村民消防安全知识水平和意识。

三 村风民俗

1. 提倡社会主义精神文明，移风易俗，反对封建迷信及其他不文明行为，树立良好的民风、村风。

2. 红白喜事要破除陈规旧俗，反对铺张浪费，反对大操大办。

3. 不请神弄鬼或装神弄鬼，不搞封建迷信活动，不听、看、传淫秽书刊、音像，不参加非法组织。

4. 村民之间应团结友爱，和睦相处，不打架斗殴，不酗酒滋事，严禁侮辱、诽谤他人，严禁造谣惑众、拨弄是非。

5. 村民之间要互相帮助，特别是要关心、照顾好独居老人、留守儿童。

6. 圈好看好禽畜，鸡、鸭、猪、牛、羊等禽畜毁坏糟蹋他人的农作物要论价赔偿。

7. 搞建设应服从村庄建设规划，经村委会和上级有关部门批准后实施，不得擅自动工，不得违反规划或损害四邻利益。

四 美丽湘西工作

1. 积极开展美丽村庄建设，搞好公共卫生，加强宣传教育，做到家喻户晓、人人明白，提高全民爱美爱卫生意识。

2. 加强村容村貌整治，严禁随地乱倒乱堆垃圾、秽物，修房盖屋余下的垃圾碎片应及时清理，柴草、粪土应定点堆放。

3. 不随地吐痰，不随手乱扔果皮、纸屑、塑料袋等垃圾。生产生活中的垃圾要进行分类处理，不可回收垃圾要按照规定倒在指定地方，不得乱倒。

4. 保持饮水卫生，不准在水源地、水井边 1 米内清洗脏物、洗澡。

5. 对于有病的禽畜，不准出售，对于病死禽畜要深埋村外。

6. 要搞好家庭环境卫生，屋里屋外、房前房后要保持整洁干净。

7. 村里定时、不定时地对各户卫生情况进行检查评比，对搞得好的进行奖励，对搞得差的进行批评。对被多次批评拒不整改的，在享受优惠政策的，取消其享受的优惠政策；目前没有享受优惠政策的，实行黑名单制，今后有政策时不予考虑。

里耶镇岩冲村省级美丽示范村创建纪实

"早红苕，晚红苕，没了红苕命难逃……"

冬日暖阳下，一个粗壮的汉子走在村内刚硬化不久的户间道路上。远处可见晚霞满天，村内户户炊烟缭绕。之前流传于村里的一首童谣，汉子脱口而出，童谣内容中，仍可闻当初苦涩。

这个汉子是龙山县里耶镇岩冲村的村支部书记彭志新，担任岩冲村村支书已近 20 年。那首童谣，记录的是村里因为粮食不够而不得不用红苕当主粮的辛酸往事。

"岩冲，用土家语来说就是岩窝窝，村里山多地少，因为贫穷，村里的男人们原来连媳妇都不好找。"彭志新说。

2014 年，龙山县委办扶贫工作队进驻岩冲村，按照"一年打基础、两年见成效、三年出特色"的总体思路，在"扶持（贫）对象精准、项目安排精准、资金使用精准、措施到户精准、因村派人（第一书记）

精准、脱贫成效精准"等方面发力。

现在,走进岩冲村,错落有致的村居院落,干净整洁的户间道路,远处成片的柑橘林青翠葱茏,一股勃发的生机扑面而来。近 3 年来,岩冲群众以"扶贫苦抓、社会苦帮、群众苦干、以苦为乐、变苦为甜"的"五苦精神",展开了一场反贫困斗争,绘就了一幅壮丽的画卷……

基础篇

因为喀斯特地貌,岩冲村缺水,虽然酉水河沿着村前缓缓流淌而过。

"天坑多、溶洞多,天上的雨水到了地上以后都流失了,村里的地关不住水。"彭志新说。平时,村里的几口水井还勉强可以供应,在枯水季节,岩冲村的用水就只能靠从外面拖水进村。

2013 年 8 月,龙山大旱,当时村里每天的用水只能靠着里耶镇政府用运水车拖来。彭志新还记得那一年的一件趣事,渴极了的牛嗅到了水的气味,挣脱了缰绳,追着政府的送水车一路狂奔……

解决用水问题,成了岩冲村的当务之急。

2013 年底,水利部门开始在村里试点,由于地貌问题,村里及附近都没有充足的水源。当时,水利部门就尝试在村里修建直径和高均为 3.5 米的水窖,雨水季节,用小水泵往里面蓄水,作为枯水季节的用水。

岩冲村面积近 6 平方公里,全村有 8 个小组 301 户 1231 人,10 口水窖,只能解决部分用水问题。

2014 年,县委办驻村扶贫工作队进驻后,筹集资金近 200 万元修建了 153 口水窖,平均两户人家 1 口,让岩冲群众告别饮水难的历史……

"扶贫工作队进驻后,解决的不光是水的问题",彭志新介绍,村里自 1984 年通电以来,电力直到 2014 年还未进行过改造,"原来每年春节的用电高峰期，一跳闸就要重新合闸，农电员干脆守在旁边合闸……"

"现在，村里不仅农网改造已经完毕，变压器也由原来的 50 千伏，变成了现在 3 台 150 千伏（安）的，加起来 450 千伏（安）。"

两年多来，扶贫工作队为全村硬化道路 5 公里、户间道路 6 公里、新修产业路 8 公里、泄洪道 2200 米。在村主干道及人口集中区，安装路灯 122 盏，已建、在建文化广场、公共健身场所 3 个，建设组级广场 2 个。累计改造、新建、修缮房屋近 100 栋，户户住房安全①。

求富篇

龙山县里耶镇比耳村通过发展脐橙产业，该村的脐橙成为国内外市场的畅销水果，也让比耳村成为远近闻名的"全国新农村建设明星村"。

岩冲村毗邻比耳村，相同的地理条件，让岩冲人不相信自己的岩窝窝只能生长贫穷。

20 世纪 80 年代，当比耳村开始背土填岩窝窝大力发展脐橙产业时，岩冲人认为，土地全都用来种植果树太可惜了，"没人种植粮食，吃什么……"

穷则思变！

县委办扶贫工作队进村后，通过摸底调研，在掌握了第一手资料之后，扶贫工作队结合村情实际，制定了近期发展目标和中长期发展规划，并按照目标、规划制定了工作方案，为驻村扶贫工作打下了坚实的基础。

根据扶贫规划，扶贫工作队于 2014 年协调农业部门为村里送来了 3 万株脐橙幼苗，当天就分发完毕。两年后，第一批脐橙结出了硕果，

---

① 文章写于不同时间节点，故数据有差异。

卖出了好价钱。

观望的村民们坐不住了，纷纷加入了"脐橙军团"。2017年，扶贫工作队再次为村里送来了4万多株幼苗，不到半天就分发完毕。彭志新介绍，由于有农业部门的技术支持，通过品改、嫁接等科技手段，如今村里种植的脐橙面积达1500多亩，村里人均种植1.2亩，"种植大户们光卖脐橙，一年就有4万多纯收入……"

发展篇

"家中的房子快要完工了，准备过年时候就搬进去"，在无房户村民陈小琴家中，记者看到了已修建完待装修的新房子，"到时搬进去后一定要请周书记来新屋里坐一坐"，今年48岁的陈小琴是州委常委、州委宣传部部长、龙山县委书记周云的扶贫联系户。

陈小琴丈夫去世早，留下两个儿子和她相依为命。之前，她住在哥哥留在村里的房子里，因为缺乏劳动力，扶贫工作队将她介绍到里耶秦简博物馆做清洁工。前几年，大儿子考上了黑龙江科技大学，学费都是县委办扶贫工作队协调解决的。

"这次建房，工作队协调帮忙解决了2万元建房资金，不然这房子没法建起来……"陈小琴说，虽然房子只一层，但儿子们回来后总算有个地方落脚了，"以后条件好了，让孩子们自己再加一层"。谈起以后的生活，陈小琴满是憧憬。

"这几年村里至少新修了30栋房子。"村支部书记彭志新介绍。这两年来，不仅村里新修的房子多，许多大龄青年还娶了媳妇，"日子是越来越好咯"。

距岩冲村不到3公里处，就是里耶古镇，远古的先民们曾在此地诗意般地栖居。

"今后里耶文化旅游发展起来了，村里还要发展乡村旅游、建农家乐、搞产业园。"指着村边的一块空地，彭志新信心满满地说，"这里是一片水淹地，每年雨季期间都要被水淹一次，以后村里把这块地打造成一个荷花池，池子里养些鱼，变废为宝"。

记者了解到，按照规划，扶贫工作队今后还将进一步实施全村绿化美化亮化工程，紧紧结合里耶镇旅游开发建设，将岩冲村打造成里耶的后花园。

"扶贫，就是要让'岩窝窝'变成'金蛋蛋'，让乡亲们的荷包鼓起来"，驻村扶贫工作队干部说，"目前，要做的事还很多……"

图书在版编目(CIP)数据

农旅文融合发展助推乡村振兴/谭明交,刘琴著
. -- 北京:社会科学文献出版社,2019.10
ISBN 978 - 7 - 5201 - 5283 - 9

Ⅰ.①农… Ⅱ.①谭… ②刘… Ⅲ.①农村 - 社会主义建设 - 研究 - 中国 Ⅳ.①F320.3

中国版本图书馆 CIP 数据核字(2019)第 164092 号

农旅文融合发展助推乡村振兴

著 者/谭明交 刘 琴

出 版 人/谢寿光
责任编辑/陈凤玲
文稿编辑/李桂英

出 版/社会科学文献出版社·经济与管理分社(010)59367226
地址:北京市北三环中路甲 29 号院华龙大厦 邮编:100029
网址:www.ssap.com.cn
发 行/市场营销中心(010)59367081 59367083
印 装/三河市龙林印务有限公司

规 格/开本:787mm × 1092mm 1/16
印张:14.5 字数:197 千字
版 次/2019 年 10 月第 1 版 2019 年 10 月第 1 次印刷
书 号/ISBN 978 - 7 - 5201 - 5283 - 9
定 价/88.00 元